BASTEI
LÜBBE

Helga Märthesheimer (Hrsg.)

DIE FRAU AN SEINER SEITE

Gespräche mit Frauen berühmter Männer.

BASTEI LÜBBE

BASTEI-LÜBBE-TASCHENBUCH

Band 60 195

Erstveröffentlichung

Printed in West Germany Mai 1988
Einbandgestaltung: Manfred Peters
Satz: Fotosatz Böhm GmbH, Köln
Druck und Bindung: Ebner, Ulm
ISBN 3-404-60195-5

Der Preis dieses Bandes versteht sich einschließlich der gesetzlichen Mehrwertsteuer

Inhalt

Vorwort

Ihre Männer — Politiker, Wissenschaftler, Künstler, Sportler — kennt jeder, vom Fernsehen, aus Zeitungen, Illustrierten. Sie, die Ehefrauen und Partnerinnen, werden öffentlich selten wahrgenommen — es sei denn in der Rolle der »Gattin«, als Beiwerk, gefälliges Ornament bei offiziellen Veranstaltungen, Empfängen, Einweihungen, wo sie neben, oft hinter ihren prominenten Männern lächelnd und liebenswürdig in Erscheinung treten dürfen.

»Frau an seiner Seite«: Es hat uns gereizt, in Erfahrung zu bringen, was hinter diesem Bild steckt; wir waren neugierig, wie die »Betroffenen« sich selbst darstellen und beschreiben, ob sie mehr Last oder mehr Lust mit einer Rolle verbinden, der gemeinhin bloß repräsentative Bedeutung beigemessen wird.

Fünf dieser Frauen, verheiratet mit bekannten Politikern, haben 1987 im Sommerprogramm von West III Auskunft gegeben:
Marita Blüm, Heidrun Farthmann, Hannelore Kohl, Hiltrud Schröder und Elke Warnke. Wir haben sie übrigens ausgesucht, ohne auf den Proporz zu achten — der Vorwurf, im parteipolitischen Sinne nicht ausgewogen zu sein, kam natürlich trotzdem ...

Sechs weitere Frauen sind für dieses Buch interviewt worden — nicht nur Politikerfrauen, sondern auch andere, die berühmte oder bekannte Männer haben, für die sich die Öffentlichkeit interessiert:

Heilwig von Ditfurth, Gustava Everding, Jeanne Hingsen, Hildegard Lattek, Margarete Mitscherlich, Mechthild Töpfer. Herausgekommen sind elf Berichte, die bei aller Unterschiedlichkeit der Biographien und Temperamente eines gemeinsam haben: Sie widersprechen der landläufigen Meinung: Er macht öffentlich Karriere, sie geht dann und wann mit zum Repräsentieren und hält ansonsten den Mund und das häusliche Nest kuschelig.

Erstaunlich: die Offenheit, mit der diese Frauen über sich und ihr Leben erzählt haben. Bemerkenswert: die Nachdenklichkeit, mit der sie ihre persönlichen Probleme, Stärken und Schwächen beschreiben. Beachtlich: die Beharrlichkeit, mit der sie Positionen für sich geklärt und besetzt haben.

Privilegiert sind sie alle: keine materiellen Sorgen, gut ausgestattete Häuser oder Wohnungen, die Möglichkeit, ihre Männer auf Reisen zu begleiten — komfortable Verhältnisse also. Ihre Zwänge liegen anderswo: bei den Rücksichten, die sie auf ihre karrieremachenden Männer genommen haben oder nehmen, bei der überwiegend auf ihnen lastenden Verantwortung für die Familie und die Erziehung der Kinder. Da müssen sie Verluste ausgleichen, die durch die berufsbedingte Abwesenheit der vielbeschäftigten Männer und Väter entstehen und bezahlen das — zumindest vorübergehend — mit dem Verzicht auf eigene berufliche oder sonstige Interessen. Gejammert hat darüber keine; bedauert haben es einige — und versucht, es zu ändern. Das ging nicht ohne Konflikte, langwierige, zum Teil schmerzliche Lernprozesse, zwischen Duldsamkeit und Aufmüpfigkeit, Anpassung und Widerstand.

Die Erfahrung, im öffentlichen Bewußtsein nur »Anhängsel« des prominenten Mannes zu sein, haben sie — so scheint mir — immer dann um so kränkender empfunden, je entschiedener sie selbst darangingen, eigene Ambitionen durchzusetzen. Da warfen oft die Männer so lange Schatten, daß es viel Kraft, viel eigenes Selbstbewußtsein brauchte, um zu sagen: Ich weiß, was ich will. Ich kann allein.

Einige sind von Anfang an mit dieser Einstellung aufgetreten, andere haben spät — zum Glück nie zu spät — gelernt, entschiedener an sich zu denken. Es ist auch eine Frage der Generation. Die Frauen, die um die Fünfzig sind oder darüber, haben für ihre Unabhängigkeit, für die Erweiterung ihres Spielraums, mehr Nerven, mehr Anstrengung gebraucht als die jüngeren, die manchen, durch Erziehung und gesellschaftliche Umstände bedingten Ballast nicht mehr mit sich herumschleppen und infolgedessen kühler, selbstverständlicher auf ihre Rechte und auf eine eigene, nicht nur »angehängte« Existenz achten. Und — das zeigen einzelne Berichte ebenso nachdrücklich — es ist auch eine Frage an die Männer an ihrer Seite. Die, die nie gelernt haben, einen Knopf anzunähen, murren nachhaltiger, wenn von ihnen etwa Partnerschaft bei der Arbeitsteilung im Haushalt erwartet wird. Sie tun sich oft schwer zu begreifen, daß ihre Frau nicht nur die »Stütze« ist, auf die sie sich immer verlassen können.

Binsenweisheit? Gewiß. Sie hätten sich an unzähligen Paaren demonstrieren lassen. Warum dann Frauen prominenter Männer fragen? Weil es — so denken wir — aufschlußreich ist zu erfahren, daß ihre Existenzen sich nur wenig gegen die anderer

Frauen abheben. Vieles daran ist — mit Verlaub — stinknormal, zum Wiedererkennen alltäglich. Dennoch ist bei ihnen manches anders — angefangen von der ständigen Bewachung der Spitzenpolitiker, die Frauen und Kinder mitbetrifft, über den vermehrten Streß, den seine exponierte Position auch in die Familie trägt, bis hin zur neugierig-kritischen Beobachtung durch die Öffentlichkeit: harmlos, wenn es sich um die Beurteilung der Garderobe handelt, bösartig, wenn schmutzige Wäsche gewaschen und die Familie mit hineingezogen wird.

Alle Frauen, die hier zu Wort kommen, haben eine qualifizierte Ausbildung. Bis auf eine, die ihr Studium der Familie zuliebe abgebrochen hat, arbeiten sie in ihrem Beruf oder streben eine Tätigkeit außerhalb der Familie an, die sie interessiert, die sie befriedigt. Politikerfrauen wie Marita Blüm, Hannelore Kohl, Elke Warnke oder Mechthild Töpfer, Schirmherrinnen von caritativen Verbänden oder gemeinnützigen Organisationen, profitieren dabei von der Bekanntheit ihrer Männer, setzen deren Prominenz für eine gute Sache ein, fungieren damit umgekehrt auch wieder als Sympathieträger für sie.

Im Unterschied zu ihren Männern legen sie allerdings durch die Bank wenig Wert auf Karriere, Aufstiegsmöglichkeiten. Ausschlaggebend ist für sie die Arbeit, die eigenständige Aufgabe, und das damit verdiente Geld ist sicher auch ein Beweis für ein Stück Unabhängigkeit. Auffallend ist, daß sie sensibler gegenüber den Verformungen sind, die sich durch die ausschließliche Fixierung auf Amt und Würden einstellen können, wachsamer, kritischer auch, was den Umgang mit Macht angeht. Blickverengungen verhüten, wahrnehmungsfähig bleiben auch für anderes als den Beruf: da haben sie eine wichtige korrigierende Funktion für ihre Männer.

Alle diese Frauen kennen ihren Wert, wissen, daß ihre Männer — gleich, ob in Politik, Wirtschaft oder Kultur — auch deshalb so erfolgreich sein konnten, weil sie ihnen den Rücken freigehalten haben: zu Hause, bei der Erziehung der Kinder, bei der Bewältigung des täglichen Kleinkrams, der so viel Zeit kostet und so wenig Ansehen bringt. Das hat sie allerdings nicht gehindert, etwas für sich zu tun. Selbstbewußt und aktiv haben sie sich eigene Betätigungsfelder gesucht und denken gar nicht daran, nur als »Anhängsel« in Erscheinung zu treten.

Helga Märthesheimer

Marita Blüm

von Werner Filmer

Marita Blüm, *48, ist seit 24 Jahren mit Dr. Norbert Blüm verheiratet, mit dem derzeitigen Bundesminister für Arbeit und Sozialordnung. Sie haben drei Kinder.*
Marita Blüm hat wie ihr Mann Theologie und Germanistik studiert. Als Schirmherrin des Interessenverbandes der Dialysepatienten und Nierentransplantierten in der Bundesrepublik wirbt sie für Organspenden.

»Freizeit?« Sie seufzt. Wenn es möglich ist, wandern die Blüms in ihrer spärlichen freien Zeit, fahren mit dem Rad, besuchen Freunde, »tanken« Kultur, gehen spazieren.

»Leider geschieht das« — Marita Blüm lächelt verhalten — »immer seltener. Mein Mann macht sich kaputt. Er hetzt von Termin zu Termin, von Rede zu Rede, von Tagung zu Tagung, von Wahlkampf zu Wahlkampf!« Sie hat in den vielen Jahren die Kinder großgezogen, hat sich um ihre Familie gekümmert, um all die täglichen kleinen Belanglosigkeiten, die den Alltag so randvoll machen, stand ihrem Mann zur Seite. In guten und schlechten Tagen. Zwischen Frust und Lust. »Man muß vieles wegstecken«, sagt sie, »aber es ist auch vieles, was reizvoll ist. Doch wenn ich zurückblicke und mir vorstelle, ich hätte mit einem Lehrer zusammengelebt, der mittags um ein Uhr seine Füße unter meinen Tisch streckt und in die Töpfe guckt, ich wäre ausgeflippt!«

Die Blüms wohnen in der Bonner Südstadt. In einem alten Bürgerhaus. Baujahr 1890. Sie haben es vor einigen Jahren gekauft und fühlen sich wohl darin. Hinter dem Haus liegt ein kleiner Garten mit einem Birnbaum. Im ersten Jahr stellten sie zur Herbstzeit einen Korb mit Birnen vor die Haustür, verblüfften damit die Nachbarn, denn im Korb steckte ein Schild mit der Aufschrift: Bitte, bedienen Sie sich! »Wir haben stärker als früher das Gefühl, diesmal sind wir zu Hause! Zum erstenmal hat sich eine Art Heimatgefühl eingestellt. Oft sind wir umgezogen, haben zur Miete gewohnt. Doch jetzt haben alle in der Familie das Gefühl, das ist unser Haus, das ist unsere Straße!« Marita Blüm greift nach einer Birne, die im Gras liegt, beißt hinein. Man begreift, daß sie Landleben gewöhnt ist, den unkomplizierten Umgang mit der Natur. Sie wuchs auf einem Bauernhof am Niederrhein auf, ging bei den Ursulinen in Krefeld zur Schule, zog später mit ihren Eltern in die Nähe von Augsburg. In Würzburg machte sie das Abitur, ging aber zurück ins Rheinland, sagt heute: »Ich bin ein eingefleischter Rheinländer!«

Umgezogen sind sie häufig. Ruhelos, immer auf dem Sprung, mobilitätsbereit — heißt das Schlüsselwort der Soziologen. »Ich konnte früher nicht nachvollziehen, was Heimatgefühl heißt, zum erstenmal habe ich das in Bonn entwickelt. In diesem Haus!« An den Wänden hängen zahlreiche Bilder. Grafiken, Gouachen, Ölbilder. Und Bücher sind zu sehen, viele Bücher. Beide Blüms lesen intensiv. Marita Blüm sammelt Frauenbilder. Irgendwann begann sie damit. Inzwischen bedecken Frauengesichter fast eine ganze Wand.

Sie hat in ihrer Familie das Ruder in der Hand behalten, hat es sich nicht bequem gemacht, nie öffentlich geseufzt über die Herrschaft von Männern über Frauen, auch wenn sie angegriffen wurde wegen ihres Mannes. Die stille Revolte der Frau hat sie auf ihre Weise mitgemacht. Ohne Presseerklärungen, ohne lautstarkes Entsetzen, ohne öffentlichkeitswirksame Forderungen. »Viele Freundinnen behaupten, ich sei zu stark auf meinen Mann fixiert und zu abhängig von ihm. Ich finde das nicht, denn ich tue das bewußt, weil es mir einfach wichtig ist. Ich möchte mit diesem Mann alt werden. Natürlich ist er stärker durch seinen Beruf fremdbestimmt als

Deutscher Journalisten Verband

Bennauerstraße 60 · 5300 Bonn · Telefon 0228/219093-94

Anruf-Notizen

?

wer ______________________

wann ______________________

warum ______________________

- ☐ Rückruf
- ☐ Eilt
- ☐ Ruft noch mal an
- ☐ Verärgert
- ☐ Unwichtig

ich. Und selbstverständlich richte ich mich nach ihm. Aber das hat die Entwicklung unserer Ehe und Partnerschaft so mitgebracht.«

Ihr Lächeln drückt keine Verlegenheit aus. Oder gar Beklommenheit. Sie kennt die Attacken der späten sechziger Jahre, hat sich damit auseinandergesetzt, wurde als Heimchen belächelt, als Hausmütterchen, kennt Alice Schwarzer und versteht sich mit ihr.

Ich frage sie, ob es Phasen in ihrem Leben gegeben hat, in denen sie sich durch das Leben an der Seite ihres Mannes überfordert fühlte. Sie zögert einen Augenblick, streicht den Rock zurecht, zupft an einem Faden. »Ach, ich hatte nie die ganz große Krise, habe nie grundsätzlich daran gezweifelt, ob der Weg richtig war. Doch ich wurde auch durch eine Menge Brassel abgelenkt, damals als die Kinder klein waren und heranwuchsen ...

Allerdings gebe ich zu, daß ich mich manchmal sehr isoliert gefühlt habe. Besonders in der Zeit, als mein Mann versuchte, beruflich Fuß zu fassen. Er war oft unterwegs. Mehr als mir lieb war. Damals in den Sozialausschüssen. Das war reine Verbandsarbeit. Er reiste mehr als heute. Und ich war an die Kinder gebunden, die kurz hintereinander kamen: Christian, Kathrin, Annette. Wir hatten keine Großmutter in der Nähe, wo wir die Kinder mal für ein Wochenende hätten abgeben können. Wir hatten auch nicht das Geld, um uns einen Babysitter zu leisten. Also kam ich mir ganz schön angehängt vor. Doch es war eine gute Zeit, die ich weder missen noch zurückdrehen möchte. Vorbei ist vorbei! Ich genieße jetzt meine größer werdenden Freiheiten!«

Feministische Frauenpolitik hat sie aufmerksam verfolgt. Doch aktiv ließ sie sich nicht auf die Frauenbewegung ein. Ihren Full-time-job als Hausfrau und Mutter nahm sie ernst, manchmal mit schlechtem Gewissen, wenn sie dreckiges Geschirr abwaschen und Betten für andere machen mußte oder fast allein Kinder erzog und hütete. Doch sie war in allen Lebensphasen gern Mutter und Hausfrau, bedauert hin und wieder, daß der Sachverstand der Mütter in einer auf Kinder- und Naturferne ausgerichteten Welt allenthalben fehlt. Daß sie ihre Zeit heute selbst bestimmen kann, schätzt sie. »Größer werdende Freiheiten« heißt für sie, mehr Selbständigkeit zu gewinnen, neue Maßstäbe zu finden, andere Perspektiven.

»Politiker kümmern sich um das Gemeinwohl«, — sie kneift die Augen zusammen —, »ihre Frauen«, frage ich, »vor allem um die Erziehung der Kinder. Hat sich Norbert Blüm aktiv um Erziehung bemüht?« Wie aus der Pistole geschossen, antwortet sie: »Nein, sehr aktiv nicht! Im großen und ganzen habe ich das allein machen müssen. Doch ich muß sagen, immer wenn er daheim und dabei war, hat er auch miterzogen. Das tut eigentlich jeder Vater. Kinder werden auch durch das geprägt, was um sie herum geschieht...« Marita Blüm unterbricht sich für einen Moment, das Telefon läutet. Heute morgen bereits zum achten Mal. Ein Anrufer schimpft auf ihren Mann. Sie bleibt ruhig, scheint das häufig zu erleben.

»Herz-Jesu-Marxist, Arbeiterverräter, Unternehmerknecht«, sie hat an seiner Seite viele Demütigungen und Schmähungen hinnehmen müssen.

Auch diese Seite eines Politikerlebens kennt sie seit seiner Arbeit als Verbandssekretär der Sozialausschüsse, die den Arbeitnehmerflügel der CDU bilden. Sie erlebte es knüppeldick bei den Auseinandersetzungen des Bundesarbeitsministers mit den Gewerkschaften, bei Konflikten mit der eigenen Partei, als sich ihr Mann sich für gefolterte Chilenen einsetzte.

Krisen gibt es auch in Ministerehen. Ungereimtheiten, Auseinandersetzungen, Probleme. Seit vierundzwanzig Jahren sind die Blüms verheiratet, schlossen 1964 in der Abtei Maria Laach ihren Bund fürs Leben. Beide katholisch, beide Studenten der Theologie und Germanistik in Bonn, beide voller Lebensmut.

»Hausfrau zu sein heißt vielfach, Kinder in die Schule zu fahren, einzukaufen, zu kochen, Socken zu waschen, Hemden zu bügeln, oft gleichförmiges, langweiliges Tun.« Sie fällt mir ins Wort: »Ja fürchterlich langweiliges, das stimmt, das wird einem immer wieder bewußt. Und machmal hat man dazu überhaupt keine Lust. Auf der anderen Seite bietet der Hausfrauenberuf erstaunlich viel Abwechslung, denn da sind ja viele Berufsmöglichkeiten in einem zusammengefaßt. Und das finde ich aufregend, zumal immer wieder wichtige Entscheidungen allein getroffen werden müssen, schnell und spontan...

Kinder aufwachsen zu sehen — mit allen Höhen und Tiefen — ihre Hoffnungen und Widersprüche begreifen zu lernen, ihre Erwartungen und Lebenskonflikte, ich finde, das sind gediegene Entschädigungen für Langeweile und Eintönigkeit!«

Seit ihre drei Kinder weitgehend auf eigenen

Füßen stehen — Christian leistet Zivildienst in der Altenpflege, er will später Musik studieren; Kathrin studiert Architektur, und Annette steht nach einem einjährigen Amerikaaufenthalt vor dem Abitur — kümmert sich Marita Blüm in ihrer Freizeit um Nierenkranke, leistet ehrenamtliche Arbeit für den Arbeitskreis Organspende. Sie besucht Patienten, versucht deren Probleme zu verstehen, wirbt bundesweit für Organspenden als Schirmherrin des Interessenverbandes der Dialyse-Patienten und Nierentransplantierten in der Bundesrepublik, verwendet wöchentlich rund dreißig Stunden auf diese Tätigkeit. Sie bittet Bürger, Organe für kranke Menschen zu spenden, stößt auf Vorurteile.

»Viele, die man anspricht, sagen, ach, das ist eigentlich eine gute Idee. Warum auch sollen meine Organe verfaulen, wenn ich tot bin. Ich sterbe ja deswegen nicht früher. Doch dagegen steht so eine Vorstellung, zumindest im christlichen Umfeld, daß der Mensch unversehrt auferstehen soll am jüngsten Tage. Ich glaube, das ist für viele auch ein Beweggrund, sich nicht so richtig an Organspenden ranzuwagen.«

Organspende: Dafür setzt sie sich ein, wehrt sich, wenn Leute sagen, das sei doch Leichenfledderei. Für Marita Blüm handelt es sich um solidarische Nächstenliebe: »Viele lebensrettende Behandlungsverfahren wären ohne Spender undenkbar«, sagt sie, »denken Sie nur an die Blutspende!«

Sie sitzt auf einem Biedermeier-Sofa, das sie bei einem Trödler gekauft hat. Ich frage sie, wie sie an diese ehrenamtliche Aufgabe gekommen ist. »Wie die Jungfrau zum Kind, aber wirklich! Mein Mann war kaum Minister, da sprach mich der Vorsitzende eines Patientenverbandes der chronisch Nierenkranken an, ob ich nicht Lust hätte, die Schirmherrschaft über den Verband zu übernehmen.« Zunächst lehnte sie ab, »auch weil ich es mir nicht zugetraut habe!« An Marita Blüm verblüfft ihre kumpelhafte Ehrlichkeit, ihre direkte Gangart im Denken und Handeln. »Ich hatte überhaupt keine Vorstellung, wie das aussehen könnte. Außerdem dachte ich, ich bin keine Medizinerin, was soll ich da!« Sie überlegte eine Nacht lang und sagte dann okay, ich mache es.

»Was ist das — Schirmherrschaft, was muß man tun?«

»Ja, das ist überhaupt nicht festgeschrieben. Juristisch ist das nicht faßbar, das ist eine Art Patronat. Es steht im eigenen Ermessen, was man daraus macht, wie aktiv man wird.

Ich habe lange Zeit kaum eine Vorstellung gehabt, was daraus werden kann, konnte mir beispielsweise nicht vorstellen, daß es so arbeitsintensiv wird. Inzwischen wächst mir die Aufgabe ein bißchen über den Kopf, das gebe ich zu. Aber es ist auch ein großer Reiz dabei!«

Bevor wir in ein Krankenhaus fahren, reicht sie mir einen Artikel: »Lesen Sie, ich muß mich noch kämmen!« Sie steigt eine Wendeltreppe hoch, die aus dem Wohnzimmer in die obere Etage führt. »Der Beitrag ist eine gute Einführung«, ruft sie hinunter.

Wenn bei einem Menschen beide Nieren völlig den Dienst einstellen, wird der Körper dieses Menschen nicht mehr ausreichend entgiftet, der Mensch muß am Nierenversagen sterben, wenn er keine Behandlung mit der künstlichen Niere, eine sogenannte Dialysebehandlung erhalten kann. Möglich ist dies seit 1960, und seit 1970 über längere Zeit. Die wissenschaftlichen Erkenntnisse und die Möglichkeit der Dialyse sind relativ jung. Eine Dialysebehandlung dauert vier bis sieben Stunden. Der Patient muß diese »Tortur« dreimal wöchentlich und das ein ganzes Leben lang über sich ergehen lassen, wenn nicht ein passender Nierenspender gefunden wird. Man stelle sich nur einmal ein Kind vor, das durch die regelmäßige Dialyse und den damit verbundenen Zeitaufwand in die Isolation gerät, keine entsprechenden Spielgefährten hat, Ausfälle in der Schule erbringt und an vielen Freuden des Lebens selbst in einfachster Form nicht teilhaben kann, die für ein gesundes Kind selbstverständlich sind.

Mittlerweile ist die Chance des Nierenpatienten durch eine mögliche Transplantation erheblich gestiegen. Die Verpflanzung einer Niere ist für den Chirurgen heute nicht komplizierter als ein anderer größerer Eingriff in den Bauchraum. Der Empfänger einer gespendeten Niere muß wegen erhöhter Schwäche seines Körpers gegen Infektionen allerdings längere Zeit medizinisch beobachtet werden. Da aber nicht jede Niere für jeden Patienten geeignet ist, bleibt die Zahl der transplantierten Nieren noch immer gering.

Ein wichtiger Grund für Marita Blüms Arbeit als Schirmherrin ist die Aufklärung, das Ausräumen der vielen »Wenn« und »Aber«, die Vermittlung der Überzeugung, wie wichtig die Organspende und wie einfach der Weg zum Organspenden ist. Ein Organspendewilliger darf sicher sein, daß zwei voneinander unabhängige Ärzteteams einen Eingriff erst

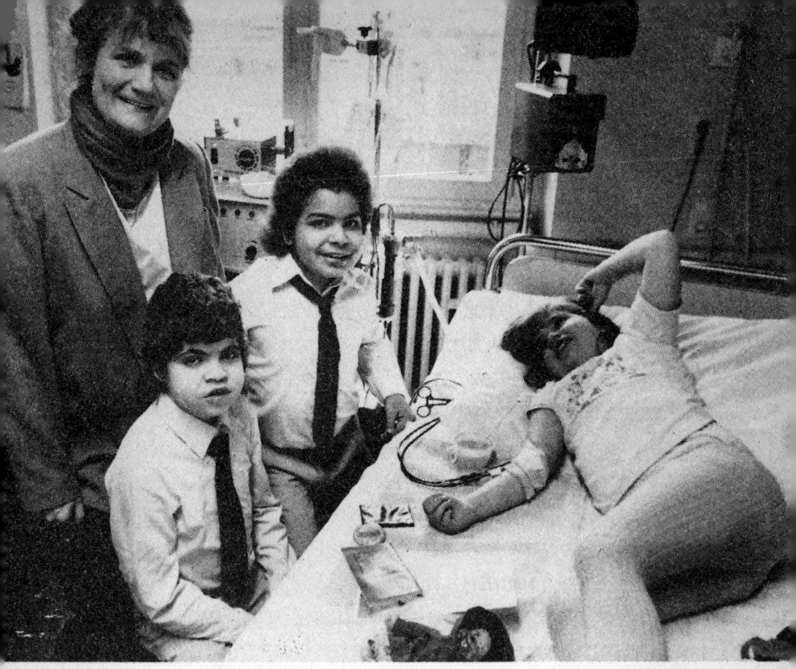

nach dem hundertprozentig sicheren Gehirntod zulassen. Um Spender zu werden, bedarf es keiner Aufnahmeformalität, keiner Amtswege oder sonstiger »Hindernisse«. Man legt seine Willenserklärung in einem Paß nieder, den man dann aber immer bei sich tragen sollte.

»Wenn man über Organspende redet, muß man über den Tod sprechen!« Marita Blüm steuert ihren Kleinwagen durch Bonner Straßen. »Wir haben in den letzten Jahrzehnten den Tod stark aus unserem Leben verdrängt. Irgendwie ist er nicht mehr Teil unseres Lebens. Sterbende verbannen wir auf die Intensivstationen. Ich fand früher auch nicht den richtigen Mut, einen Toten anzusehen. Tod hat mich unheimlich erschreckt und geschockt. Ich habe lernen müssen, mich mit dem Lebensende auseinanderzusetzen. Und das ist ein wichtiges Nebenprodukt meiner Arbeit, unbefangener damit umzugehen. Wenn ich für Organspende werbe, muß ich den Tod ansprechen!«

Auf einer Plakatwand — halb abgerissen, überklebt — Norbert Blüm. »Was denken Sie, wenn Ihr Mann großflächig von Werbeplakaten lächelt?« »Dann freue ich mich immer, daß ich ihn sehe!« Sie hält an einer Ampel, schaltet herunter. »Meistens guckt er doch ganz nett!«

Streß gehört zum eigentlich verrückten Leben eines Spitzenpolitikers, immer unterwegs zu sein, immer »auf Achse«, begleitet von Polizisten, immer bewacht. Marita Blüm hat sich daran gewöhnt, daß es so ist, wenn sie mit ihrem Mann unterwegs ist. Nicht oft besucht sie die Arbeitsstätten des Parlamentariers. Auseinandersetzungen und Reden verfolgt sie meistens im Fernsehen. Sie hat gelernt, vieles allein machen zu müssen, hat sich damit abgefunden, manchmal abgekoppelt zu sein von seinem Alltag, seinen Konflikten.

Sie hat Grenzen für sich gezogen. Allmählich — durch die Jahre: zwischen Bleiben und Hoffen, zwischen Abwarten und Mitmachen. Gegen gleichförmige Hausarbeit hat sie ihre Neigungen und Fähigkeiten entwickelt, hat neben ihrem Dasein für die Familie eigene Positionen neu vermessen. Sie hat sich verändert. Für Außenstehende kaum spürbar. Für Nahestehende erfaßbar.

Zu den Wahlkampfplatitüden der Politik besitzt sie ein eigenes Verhältnis, versucht, gegenüber ihrem

Mann kritisch zu bleiben. Ich frage nach Gefährdungslagen für Politiker: Sie müssen sich immer wiederholen, kommen kaum zum Nachdenken. »Ich sehe vor allen Dingen im privaten und persönlichen Bereich«, antwortet sie, »daß die Gefahr besteht, sich durch dieses Geschäft, durch diese Aufgabe stark zu verändern. Und zwar nicht nur positiv. Wer auf dem Präsentierteller steht und sich ständig erklären muß, wird mit der Zeit unempfindlicher und glatter. Er lernt etwas zu sagen, ohne wirklich etwas zu sagen. Das sind Wahrnehmungen, die ich mitunter mache. Und sie stören mich!«

Sie kennt die stummen, verlegenen, hilflosen Seiten ihres Partners ebensogut wie seine attackierenden, ist ihm eine kritische Gefährtin geblieben, auf deren Wort Norbert Blüm viel Wert legt. Seiner Gangart zu folgen, ist nicht leicht, das weiß sie.

Ist eigentlich eine Veränderung deutlich spürbar geworden, als er Minister wurde, auch bis in ihr Leben hinein?

»Es hat sich ruckartig einiges geändert. Einfach ein größeres Interesse der Öffentlichkeit, ein größeres Interesse der Medien. Früher war es eben der Norbert Blüm, den man kannte, der Norbert oder was auch immer. Und dann hat man schon mal Interesse gezeigt und so. Man kannte ihn vom Fernsehen und freute sich, wenn man ihn auf der Straße sah. Doch als er Minister wurde, interessierte man sich plötzlich auch für nebensächliche Fragen: Wie lebt denn so'n Mann? Viele haben die Vorstellung, ein Minister ist so was ganz anderes, so etwas Außergewöhnliches. Manche Leute wundern sich, wenn ich an die Haustüre komme und ich habe Jeans an; dann merke ich, die haben Schrecksekunden. Ich weiß auch nicht, was die Leute für Vorstellungen haben. Oder andere passen schrecklich auf, was man im Einkaufskorb hat, ob das billig oder teuer ist. Und es wird alles kommentiert. Also, es ist schon anders geworden!«

Beide lieben Finnland, die winterlich verschlossene Landschaft des Festlandes ebenso wie die sommerliche glitzernde Oberfläche der vielen, vielen Seen. Oft haben sie in einem braunen, geduckten Holzhaus am See, das hinter dem hügeligen Wald liegt, Ferien gemacht: behaglich, bescheiden, weltabgeschieden. Den Ort haben sie mit ihren drei Kindern bewußt erlebt, haben Wald und See, Landschaft und Tagesstimmungen genossen. Der Vater zeigte seinen Kindern längst vergessene Fertigkeiten, zum Beispiel wie Hechte gefangen und ausgenommen werden. Hier — in stillen Urlauben — vermittelte er ihnen eine Vorstellung, wie »die Dinge entstehen und vergehen«, sagt Marita Blüm. »Es waren unsere glücklichsten Urlaube, fröhlich und sorglos.«

»Also für mich ist Urlaub intensives Zusammensein. Wenn wir das nicht gehabt hätten im Laufe unserer nun schon langen Ehe, ich glaube, es ginge uns nicht so gut! Die Urlaube sind uns fast immer gelungen, und wir haben lange davon gezehrt, so daß wir das ganze Jahr gut über die Runden kamen. Ich glaube, die Kinder sehen das genauso. Es waren nicht immer aufwendige Reisen, doch der Vater war greifbar. Und er hat alles mitgemacht, mitgetragen durch eine starke Präsenz. Er ist ein hervorragender Freizeitvater«, — sie zwinkert mit den Augen — »und Ehemann, und zwar nicht mit der Einstellung: So, jetzt ist die Familie dran, sondern weil er selber

Spaß hatte.« Inzwischen fahren die Kinder seltener mit.

»Eine neue Phase hat begonnen?«

Für einen Augenblick scheint Traurigkeit in ihr aufzusteigen, als wir darüber sprechen. Ihr Gesicht verhärtet sich, entspannt sich wieder. Marita Blüm wirkt selbstbewußt. Sie hat für ein auf lange Sicht gelingendes Leben gearbeitet, hat ihr Balanciervermögen hinreichend ausprobiert, ist dabei, ihr Reservoir an Verwirklichungsmöglichkeiten auszuschöpfen.

»Vor dem Älterwerden habe ich keine Angst«, sagt sie mit leiser, aber bestimmter Stimme, »das finde ich sogar reizvoll, weil ich spüre, daß man mehr Durchblick bekommt und viele Ereignisse gelassener nimmt. Das einzige, wovor ich Angst habe, ist, daß mein Mann und ich Dinge, die wir gemeinsam machen könnten, nicht mehr gemeinsam erleben. Dazu gehört das Reisen. Ich habe große Lust zu reisen. Manchmal denke ich, uns bleibt zu wenig Zeit. Und manchmal habe ich Angst davor, daß uns beiden zu wenig Raum bleibt, alt zu werden. Mein Mann ist so ein Typ, der sich bis zum letzten verzehrt. Ich habe Angst, daß wir krank werden, doch das ist zur Zeit nicht so beherrschend ...!« Marita Blüm gehört zu jenen Frauen, die ihre Menschlichkeit zeigen können und ihre Person nicht hinter vielen Masken verbergen müssen.

Gespräche daheim? Natürlich manchmal über Politik, oft über die Kinder. »Du, Norbert, die Kinder meinten, und ich finde es auch, wir wollten ...« Meistens sind die Gespräche schnell zu Ende. Weil er wieder keine Zeit hat, zur nächsten Konferenz hetzt, in die nächste Plenarsitzung.

»Wenn er und ich abends noch einmal Luft schnappen, dann grüßen ihn die Leute, sprechen mit ihm, aber tun so, als sei ich Luft, wünschen mir nicht einmal guten Tag!« sagte Marita Blüm vor einigen Jahren, als ihr Mann zum Minister ernannt wurde. Sie hat sich damit abgefunden. »Der größte Verlust für mich ist der Verlust der Anonymität«, bekennt sie. Frau an der Seite eines Politprominenten zu sein, heißt, kritisch wahrgenommen zu werden, manchmal beäugt, begafft, bestaunt, beansprucht.

»Das ist ein gewisses Ohmachtsgefühl. Bei jeder Kleinigkeit reflektiere ich: Mensch, kannst du das jetzt machen! Am heißen Sommertag zwischen den Einkäufen auf dem Brunnenrand sitzen, die nackten Füße ins Wasser baumeln lassen und Eis essen, darf das die Frau eines Ministers?

Wenn sich im Bäckerladen einer vordrängelt, hätte ich früher Krach angefangen, heute schweige ich. Oder aber, wenn wir mal zusammen joggen: Guten Morgen, Herr Minister, heißt es wieder, obwohl ich daneben laufe.«

Einmal in der Woche quält sich die Achtundvierzigjährige für ihre Gesundheit. Wenn er Zeit hat, kommt ihr Mann dazu. Sie trainieren, laufen, rackern sich ab, kämpfen gegen ihre Pfunde. Der Trainer sagt: »Das ist nicht nur so eine Seniorengruppe, sondern das ist noch richtig harter Sport. Und Frau Blüm zeigt, was man in dem Alter noch leisten kann!«

Daß Männer und Frauen gleichberechtigt sind, davon geht sie für sich aus. Nicht nur juristisch, sondern auch praktisch. Doch sie sagt auch, daß jede Frauengeneration sich stets gegen wiederauflebende veraltete Denk- und Verhaltensweisen durchsetzen und neue Modelle, neue Bewährungen schaffen muß. »Es wird Rückentwicklungen geben, Rückschläge, neue Vorurteile« im männerbeherrschten Terrain. Doch wirkungsvoll werden im Kampf um begehrte Positionen vor allem Qualifikation und Durchhaltevermögen wiegen. »Und davon«, meint sie, »haben wir Frauen eine gehörige Portion erworben.«

Für Kinder und Mann verzichtete Marita Blüm auf einen Beruf, wollte für sie da sein. Glaubt sie, daß ihre beiden Töchter ebenso handeln werden? »Ich glaube, unsere Kinder überlegen sich das sehr genau, zu welchem Zeitpunkt sie Kinder bekommen und wie sie das lösen. Wahrscheinlich sind sie nicht bereit, ihren Beruf aufzugeben. Ich finde, das müssen sie individuell klären und lösen — auch, wie sie das machen. Das übrigens hat die Frauenbewegung — glaube ich — gebracht, dieses veränderte Bewußtsein. Ich wehre mich allerdings dagegen, daß jemand, der diese alte Rolle — Mutter zu sein und Kinder zu erziehen — übernehmen will und dafür seinen Beruf aufgibt, für dumm, unkritisch und reaktionär gehalten wird. Dagegen wehre ich mich entschieden!"

Heilwig von Ditfurth

von Carola Benninghoven

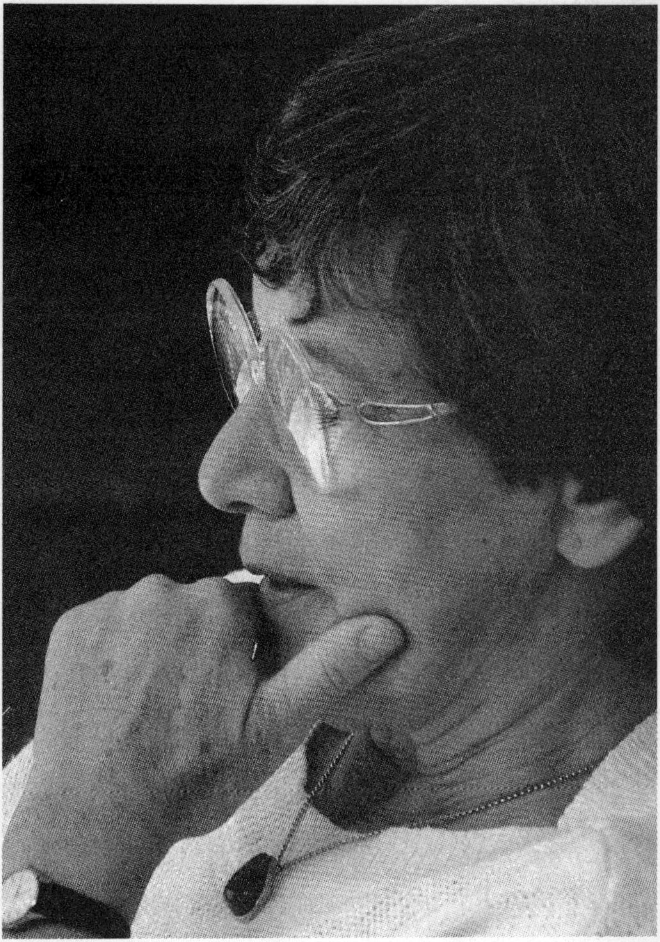

Heilwig von Ditfurth, *61, ist mit dem Arzt und Wissenschaftsjournalisten Prof. Hoimar von Ditfurth verheiratet. Die Mutter von vier Kindern, jahrelang »Assistentin« ihres Mannes, arbeitet seit 1983 am Institut für Ökologische Medienarbeit e. V. (Ökomedia) und realisiert eigene Filme. Die Grünen vertritt sie im Stadtrat ihres Wohnortes Staufen in der Nähe von Freiburg.*

Wenn man von Norden kommt, liegt Staufen ungefähr eine halbe Autobahnstunde südlich von Freiburg. Wer hier wohnt, hat sich sozusagen auf der Butterseite des Landes niedergelassen, hat viel, viel Sonne — aber im Herbst dafür den Nebel, der sich in den noch immer aufrecht stehenden Nadelbäumen regelrecht festsetzt.

Staufen ist ein altes Städtchen von sieben- bis achttausend Einwohnern. Kleiner Stadtkern und darum herum viel Neubau. An Weinbergen und Hängen stehen die Villen der etwas Betuchteren. Hier haben die von Ditfurths vor Jahren eine Bleibe gefunden, selbst gebaut haben sie sie nicht.

Lange Zeit war allein Hoimar von Ditfurth der große Fernsehprofi. Seit kurzem ist das anders: Gleich vor Ort, in der Umgebung von Staufen, dreht Frau von Ditfurth ihre erste eigenständige Reihe für das WDR-Schulfernsehen. Thema: Der Boden.

Eine gewiß ungewöhnliche Karriere der inzwischen Einundsechzigjährigen, die zuletzt als Aufnahmeleiterin bei den Fernsehproduktionen ihres Mannes tätig war.

»Ich stand 1983 im Studio in Hamburg, als ich zufällig eine Notiz in der Zeitung las, daß der Regisseur Peter Krieg in Freiburg ein Institut für Ökologie und Film gründen möchte. Ökologie und Film. Da hat es bei mir hörbar geklickert. Das war eine Möglichkeit, diese beiden für mich wichtigen Dinge zu verbinden. Ich mußte die Gedanken daran bis in das Frühjahr verschieben. Zuerst mußte unsere letzte Fernsehsendung fertiggestellt und der Landtagswahlkampf geführt werden. Daneben hatte nichts anderes Platz.

Im März setzte ich mich mit Peter Krieg in Verbindung. Einen Tag später war ich engagiert. Zunächst als Geschäftsführerin ohne Gehalt. Geld war nicht vorhanden. Was wir brauchten, stifteten wir erst einmal selbst.«

»Peter Krieg hat mir seine Ideen erklärt, wie das Institut arbeiten und welchen Zwecken es dienen sollte. Vier Wochen später konnten wir in Freiburg die ersten Filmtage anbieten. Ich hatte das noch nie gemacht. Und trotzdem hat es geklappt. So schnell in diese Arbeit einzusteigen, das war ein guter Start. Der Zwang, auf Teufel komm raus Programme zu machen, zu gestalten und zu sehen, was daraus wird, hat mir das Einleben in diesem Institut sehr erleichtert.

Kurz darauf lernte ich in Österreich zwei junge Leute kennen, die wenig später zu uns stießen und mir halfen — auch unbezahlt natürlich — das Institut aufzubauen. Nur ein Problem hatten wir: es gab zu der Zeit kein Geld für uns.«

Heute arbeitet Heilwig von Ditfurth nicht mehr voll mit, ist noch im Vorstand, hat aber ansonsten das Ganze in die Hände von inzwischen vier festangestellten und bezahlten jungen Leuten gelegt. Nur die Öko-Film-Tage organisiert sie weiterhin mit, hilft, wo sie kann — und die ganze Familie, soweit sie in der Nähe ist, wird irgendwie miteingespannt: Sohn York als Fotograf, Tochter Jutta für eine Podiumsdiskussion, Gatte Hoimar für die Laudatio und selbst die hochschwangere Tochter Donata sitzt interessiert im Publikum.

»Ökomedia war für mich wirklich ein ideales Sprungbrett in die Selbständigkeit, in das selbständige Denken. Ich kann alleine, ich brauch' keinen Boss. Ich kann das Institut aufziehen, d. h. ich konnte es aufziehen, ich kann was organisieren, was dann auch funktioniert. Ich wußte, ich könnte jetzt noch auf eigenen Füßen stehen, wenn es sein müßte. Es war für mich eine wichtige Erkenntnis: Du kannst ohne Boss auch etwas erreichen. Um das völlig auszuschöpfen, bin ich wohl zu alt. Aber es hat doch auch dazu geführt, daß ich in den letzten Jahren eigene Filme machen oder, wie jetzt für den WDR, eine Serie zum Thema »Boden« für das Schulfernsehen gestalten konnte. Ich kam an die ersten Filme für den Berliner Senat wie eine Jungfrau zum Kind. Mein Mann wurde gefragt, ob er drei Filme über Berliner Umweltprobleme machen möchte und sagte: ›Nein, aber fragen Sie doch mal meine Frau.‹ Ich hatte noch nie allein einen Film gemacht, war ja nur fünfzehn Jahre in verschiedenen Funktionen bei den Filmen meines Mannes beteiligt gewesen. Ich wollte das gern probieren, auch wenn mir ein bißchen ängstlich zumute war, ob es was Gutes wird.«

»Mit einer Freundin zusammen machten wir drei Filme von A bis Z, vom Drehbuch bis zum Schneiden in kürzester Zeit. Bis auf die Finanzen ging alles glatt, und ich mag diese drei Filme auch heute noch.

Die Serie zum Thema Boden lag mir am Herzen, weil es, wie ich in den unendlich vielen Filmkatalogen bei Ökomedia feststellte, nichts dergleichen Umfassendes gab. Ich versuchte einige Leute dazu zu animieren. Nach langem Hin und Her blieb dann der Auftrag bei mir hängen. Ich war froh, daß ich auf diese Weise an das Thema herangehen konnte, wie ich es mir vorstellte und daß ich beim WDR offene Ohren dafür fand.«

Und so begleitet Heilwig von Ditfurth ein Jahr lang in unregelmäßigen Abständen ein Team des WDR durch die Republik, um Langzeitbeobachtungen am Boden zu machen, dreht auch mit Schülern einer Öko-AG, die Methoden entwickelt haben, die Qualität verschiedener Böden zu untersuchen. Regie führt sie nicht, das macht der zuständige Redakteur. Aber sie achtete darauf, daß die Bilder auch so werden, wie sie als Autorin sich das gedacht hat, bzw. wie es zum Verständnis der Zusammenhänge notwendig ist.

»Man kann ja nicht verlangen, daß die im Sender was von Landwirtschaft verstehen und vom Boden. Aber es hat großen Spaß gemacht, sich jetzt selber auszudenken, welchen Rahmen das haben muß von Anfang bis Ende und wie das aussehen könnte. Da kam mir natürlich das, was ich bei meinem Mann gelernt habe, zu Hilfe.«

So selbständig und unabhängig war sie nicht immer. Ja, selbst als sie schon Eigenes machte, mußte sie sich immer wieder fragen lassen, wieviel davon sie direkt oder indirekt dem Namen und dem Ruf ihres Mannes zu verdanken hat. Denn Gattin war sie schließlich lange Jahre. Zuerst, als sie — nach gerade abgeschlossener Fotografenlehre — dem etwas älteren Jung-Mediziner (und Vetter entfernten Grades) an die Klinik nach Würzburg folgte.

»Ein Mann ist ja nicht von Anfang an der Mann, wo das ›an seiner Seite‹ irgendeine besondere Bedeutung hat. Auch bei uns fing es sehr viel anders an: Als wir heirateten, war mein Mann ein kleiner Assistent an einer großen Klinik, wo man weder genug Geld verdienen, noch sich besonderen Ruhm erwerben konnte. Wir lebten unter erbärmlichen Umständen in einem Zimmer von 7,5 qm Größe, durch das auch noch die Treppe zum Aufbewahrungsort für die Hirnpräparate der Klinik führte. Hier eine Karriere zu beginnen oder zu verfolgen, bedurfte äußerster Zähigkeit und die Aufgabe des Privatlebens — weitgehend. Das ist für die ›Frau an seiner Seite‹ wahrhaftig kein Zuckerlecken.«

»Am Anfang ging es um die reine Existenz, wirklich nur, und da muß ich Ihnen ehrlich sagen, da kam mir wirklich das zugute, was ich zu Hause mitgekriegt hatte, nämlich einfach überall alles anzupacken. Wir wohnten da im Krankenhaus, mein Mann machte seine Assistenzzeit und ich saß in einem Zimmer von siebeneinhalb Quadratmetern.«

»Ich fing in einem Fotolabor als Laborantin an, verdiente ein bißchen dazu und mußte nicht den ganzen Tag herumsitzen. Später, als ich mein erstes Kind bekam, konnte ich ja das Zimmer nicht verlassen. Die Klinik bot mir an, ein Fotoatelier aufzubauen, in dem die Patienten, wenn sie kamen und gingen, fotografiert wurden. Dadurch war ein Vergleich ihres Zustandes möglich. Natürlich war auch das wieder eine Tätigkeit, die nicht bezahlt wurde.

Es durften nicht zwei verheiratete Leute beim Staat arbeiten. Also arbeitete ich eben aus Spaß in dem für damalige Verhältnisse bestens eingerichteten Fotoatelier. Ich konnte wenigstens aber auch meine Kinderbilder entwickeln, was mir die Möglichkeit gab, überhaupt welche zu machen. Ich hätte mir das finanziell sonst gar nicht leisten können.«

Und während sie das Fotoarchiv betreute und nach und nach noch drei Kinder bekam, saß Hoimar von Ditfurth an seiner Habilitationsarbeit.

»Er war wahnsinnig fleißig und hat in dieser Zeit wirklich viel gearbeitet. Aber genau da fängt meiner Ansicht nach das Problem, ›Frau an seiner Seite‹ zu sein, an: Wenn die Männer sich die Karriere-Leiter hinaufrackern, Tag und Nacht, sieht man sie kaum noch. Als Frau mit Kindern sitzen Sie zu Hause und haben das Gefühl, das Leben läuft an Ihnen vorbei. Diese Zeit war für mich wohl auch die schlimmste.«

Mit dreiundzwanzig hat sie geheiratet, mit dreiunddreißig verließen sie Würzburg; Hoimar von Ditfurth, gerade habilitiert, ging in die Industrie, zu Boehringer nach Mannheim, aber ihre Situation hatte sich nicht wesentlich verändert — bis auf die Finanzen.

»In der Industrie war es auch nicht schön: da ging er morgens um halb acht weg und kam abends um acht wieder oder war auf irgendwelchen Kongressen oder Symposien.«

Frau und Kinder hatten nicht viel von ihrem Ernährer, der, auch wenn er zu Hause war, Ruhe brauchte, um zu schreiben und erste Fernsehsendungen vorzubereiten. Für die Kinder allerdings war diese Zeit schön — sie hatten eine Mutter, die immer für sie da war.

»Aber diese lange Zeit ist dann auch die Lücke gewesen: Ich habe mit der Fotografie nie wieder angefangen. Zudem war es in der Industrie nicht üblich, daß die Frauen arbeiten. Unter dem Motto: Die Frauen unserer Herren arbeiten nicht, die sollen fein sein, Fingernägel pflegen und Tee trinken.«

Von Repräsentationspflichten hielt Heilwig von Ditfurth wenig.

»Nein, ich habe sie weder gehabt, noch hätte ich sie haben wollen, und ich hätte sie auch nicht übernommen. Das liegt mir einfach nicht. Und wahrscheinlich hätte ich bockig reagiert, wenn ich gemußt hätte, denn einerseits ist man ausgeschlossen aus dem ganzen Leben der Männer — und das soll man dann wieder mitmachen, um das Image zu fördern. Überhaupt ist das ein unsinniges Gehabe, diese Tees und Kaffeeklatsche und was sich da so abspielt. Ich war zwei- dreimal bei Freunden eingeladen, die das mitmachten — es war furchtbar. Also habe ich das gelassen und habe mir einfach überlegt, daß das eine völlig sinnlose Zeit ist:

Warum muß man sich unbedingt, nur weil man die Frau von jemand ist, der sich hocharbeitet, mit Leuten zusammentun, die einem weder liegen, mit denen man sich nichts zu erzählen hat, die einen nicht weiterbringen, die man selbst auch nicht weiterbringen kann, weil sie ganz andere Interessen haben. Ich sehe das nicht ein. Und mein Mann hat das eigentlich auch nie gewollt, er war nie böse darüber, daß ich mich immer ein bißchen rausgehalten habe aus diesen Geschichten, und mich statt dessen mit Sachen beschäftigt habe, die mich erfreut haben.«

»Diese Zeit in der Industrie, wo andere bestimmen, wie der Tag abläuft und wo die sogenannten Sachzwänge das ganze Leben bestimmen, auch das der Familie, das ist wirklich fast unmenschlich. Ich würde mir das nicht noch einmal wünschen, und ich hätte mit meinem Erkentnisstand von heute auch mehr Mumm, mich dagegen aufzulehnen. Damals habe ich gedacht, das muß so sein.«

Es war für alle eine schwierige Zeit: Der Ehemann vielseitig interessiert, begabt und ehrgeizig, die Kinder voller Forderungen nach Zeit und Zuwendung, und die Ehefrau, die das alles unter einen Hut bekommen soll.

»Es gab Zeiten in meinem Leben ›an seiner Seite‹ in denen ich unglaublich unzufrieden war. So um Mitte Dreißig. Ich stellte fest, daß für mich das Leben so dahin plätscherte zwischen Kindern, Küche und Garten. Für Eigenständiges war keine Zeit übrig. Familienleben wurde ganz klein geschrieben. Ich glaube, ich habe in dieser Zeit meinem Mann das Leben gerade auch nicht leichter gemacht. In solchen Zeiten kamen mir schon mal Gedanken, fortzulaufen. Aber meine Kinder hätte ich nicht allein lassen können und wollen.«

Nicht nur für die von Ditfurths war die berufliche wie die finanzielle Situation in diesen Nachkriegsjahren schwierig, und nicht nur für sie war der Kampf um die besseren Plätze damals nicht nur ein Ausleben individuellen Ehrgeizes, sondern oft der Kampf ums nackte Überleben.

»Finanziell war's, als mein Mann zur Industrie ging, etwas besser als an der Uni. An der Uni war es wirklich eine Katastrophe. Da haben wir uns oft überlegt, reicht es noch für'n Tütchen Nescafé für den Sonntagskaffee, reicht's noch für das Besohlen der Kinderschuhe. Und es reichte meistens nicht. Es war wirklich einfach unzumutbar, unter welchen Bedingungen man leben mußte. Wir hatten ja beide überhaupt gar nichts, als wir anfingen. Ich besaß einen Handkoffer; und das Geld, damit mein Mann mich nach der Hochzeit überhaupt mitnehmen konnte, hat er sich geliehen: Die Fahrkarte von Hannover nach Würzburg kostete 17,50 DM, das haben wir dann abgestottert.«

Das Leben als Gattin an der Seite eines höheren Industriemanagers war ihre Sache nicht. So war sie maßgeblich an der entscheidenden beruflichen Veränderung ihres Mannes beteiligt.

»Das ergab sich einfach dadurch, daß mein Mann bei Boehringer vor der Entscheidung stand, entweder dauerhaft in die Geschäftsführung einzusteigen — und damit der Familie endgültig verloren zu gehen — oder aber sich frei und selbständig zu machen.

Und damals hatte er schon, ich glaube, vier oder fünf Jahre Fernsehen gemacht. Das hieß also auf deutsch: Neben dem Industriebetrieb freitags abends nach Köln fahren und sonntags abends von Köln zurückkommen, und in der Zeit mußte eine Sendung stehen. Und das Drehbuch mußte ja schon vorher geschrieben werden — im Grunde waren so alle Abende verplant. Das sah dann so aus, daß er jeweils jedes Vierteljahr oder Halbjahr — wie oft die Sendungen damals stattfanden, weiß ich nicht mehr — dann auch ganze Wochen weg war. Für die Familie war das nicht spaßig. Aber damals schon faszinierte mich die Darstellung von wissenschaftlichen Problemen im Film, es war ja der Anfang überhaupt von naturwissenschaftlichen Sendungen, das gab's ja vorher nicht.

Es fing mit einer Sendung über die Fliege an.

»Daß man aus einer Fliege ein Thema für eine ganze Sendung machen konnte, fand ich wirklich hochinteressant. Damals war ich noch nicht daran beteiligt.

1969 haben wir in einem langen Urlaub schließlich überlegt, ob mein Mann bei Boehringer aufhören sollte. Wir drehten das Thema hin und her und her und hin. Trauen wir uns oder trauen wir uns nicht, in die freie Wildbahn auszubrechen! Ich hab' mich getraut und habe das auch klar gesagt. Also trauten wir uns beide. Wir wußten, daß es im Anfang schwierig und finanziell problematisch werden würde. Mir war die freie Wildbahn und eine gemeinsame Arbeit lieber als das, was auf uns zugekommen wäre, wenn mein Mann Geschäftsführer bei Boehringer geblieben wäre. Wir hätten nicht nur einen ewig abwesenden Mann und Vater gehabt, sondern auch er wäre unzufrieden gewesen, weil alle seine Passionen, Filme machen, schreiben usw. hätten gestoppt werden müssen. Diese Vorstellung war zu schlimm.«

Gemeinsam, so wie man das als Lebenspartner tut, entwickelten sie Ideen und Projekte für dieses Leben in »freier« Wildbahn — aber an gemeinsames Arbeiten war eigentlich noch nicht gedacht.

»Im Winter 69, ganz kurz vor Weihnachten, haben wir angefangen, die Querschnitt-Reihe zu planen. Und damit fing eigentlich an, was mir heute noch immer Spaß macht: unser gemeinsames Leben. Er hat gesagt: ›Also gut, ich brauche jemanden, der die Sekretariatsarbeiten, der dies und jenes macht.‹ Zuerst hat er sich eine Frau angeheuert, aber das hat nicht so gut geklappt, dann hat das meine Schwester eine Weile gemacht, die damals in Scheidung lebte und Arbeit suchte, dann ich.«

»Mein Mann sagte mir, er wolle es mal probieren, aber: mit Arbeitsvertrag und Probezeit. Mir war das auch lieber, denn ich wußte ja selbst nicht, ob ich das, was da von mir erwartet wurde, auch konnte. Außer Tierzucht, Fotografie und Buchführung hatte ich keinerlei Qualifikation.

Wir haben es versucht, und mein Arbeitsvertrag läuft heute noch.«

Die Ditfurths zogen mal wieder um, vom Odenwald in den Norden, nach Ahrensburg in der Nähe von Hamburg. Dort waren auch die Studios des ZDF, in denen die Querschnitt-Reihe produziert wurde.

»Als etwas später der Journalist Volker Arzt zu unserem Team stieß, teilten wir uns zu dritt in die Arbeit an den Querschnitt-Sendungen. Es war für mich eine Zeit, an die ich gern zurückdenke, die mir Spaß gemacht hat und letztlich ja auch die Grundlagen legte, die mich heute auch zu selbständigem Arbeiten im Ökomedia Institut und an den Filmen gebracht haben.«

Was ihr blieb, war der typisch weibliche Part, die verläßliche Zuarbeit, die unerläßliche Organisation. Die nach außen werbe- und publikumswirksame Arbeit machte der Ehemann. Auch bei den Dreharbeiten im Ausland war sie anfangs nicht dabei. Wer kannte schon Heilwig von Ditfurth? War das nicht kränkend?

»Nein, gekränkt hat es mich nie, zu dem Zeitpunkt hat es mich noch nicht einmal gestört, sondern ich fand es richtig, weil ich nichts davon verstand und ja wirklich erstmal langsam mich da reindenken und reinarbeiten mußte. Ich hatte weder von Fernsehtechnik eine Ahnung, noch von Drehbüchern, noch von sonstwas, also wirklich von nichts eine Ahnung. Ich habe nur, ähnlich wie Lieschen Müller, gesagt, also, den Text finde ich zu schwierig, oder das finde ich schön, das könnte man vielleicht so machen — da muß man doch erst reinwachsen.«

»Wir hatten unser Büro zu Hause, wir haben das alles von dort aus recherchiert. Wir hatten damals im Studio nur die Aufnahmezeit, also die zwei, drei Tage, alles andere war einfach bei uns. Es war richtig schön. Volker Arzt zog dann auch nach Ahrensburg, wir waren ein unschlagbares Team. Die Kinder verschwanden so peu à peu — Jutta war damals schon nicht mehr zu Hause, die anderen drei waren noch da, aber die machten so nach und nach ihr Abitur und waren dann auch weg. Wenn ich so um mich schaue, meine Freundinnen und Bekannte und Leute, die ich einfach so erlebe, und sehe, was die für Probleme haben mit ihrer Zeit und mit sich selber, wenn ihre Kinder plötzlich weg sind, dann bin ich heilfroh, daß mir das erspart geblieben ist. Die fallen in so ein tiefes Loch, mit dem sie nichts anzufangen wissen, weil man einfach nicht darauf vorbereitet ist. Vielleicht hatten sie aber auch nicht eine so günstige Chance wie ich, das gebe ich zu.«

Als das ZDF die »Querschnitt-Reihe« später bei GEO-FILM produzieren ließ, bestand ihr Mann darauf, daß sie mit übernommen werden sollte — und zwar endlich mit angemessener Bezahlung. Auf große Begeisterung stieß dieser Vorschlag nicht: Man vermutete eine Gattin, die einen bequemen Job suchte. »Die hatten da wohl ihre Erfahrungen gemacht. Sie waren mißtrauisch.« Offen gesagt hat ihr das natürlich niemand.

»Sie wollten es ja nicht mit dem Chef verderben! Das hätten sie mir natürlich nicht gesagt, aber selbstverständlich hört man das hintenrum.«

Kein schönes Gefühl, zu wissen, daß man nur als »Frau an seiner Seite« geduldet wird.

»Die haben mich wirklich als Anhängsel übernommen, weil er gesagt hat, er will weiter mit mir zusammenarbeiten. Das war natürlich nicht nur die reine Liebe, sondern weil wir ein gut eingespieltes Team waren. Das hat auch Volker Arzt unterstützt. Meine Funktion war ja nun plötzlich auch eine ganz andere als vorher. Als Aufnahmeleiterin mußte ich wieder vieles andere machen, was ich noch nicht gemacht hatte: Reisen organisieren und all den Kram, abrechnen, im Studio dabei sein und organisieren. Aber wenn man wie ich vorher acht Jahre zugeguckt hat, dann lernt man eben auch beim Zugucken, dachte ich mir. Und es ging wirklich ganz gut. Außerdem war ich auch sehr froh, daß ich nun endlich mal legal verdienen konnte, daß ich nicht mehr nur das Anhängsel war, sondern plötzlich gebraucht wurde.«

Man kann sich gut vorstellen, unter welchem Leistungsdruck sie da am Anfang gestanden haben muß, bis sie sicher war, es allen gezeigt zu haben, ». . . daß ich keine Fehlinvestition bin.«

Damals hat sie sich wohl kaum darüber Gedanken gemacht, daß ihr diese Arbeiten die Basis für den späten, aber radikalen Sprung ins kalte Wasser als Film-Autorin geschaffen haben.

Aufgewachsen ist sie auf einem Landgut in der Uckermark, heute DDR. Dort traf sie auch ihren späteren Ehemann:

»Oh, wir haben uns kennengelernt, da war ich vierzehn und er war neunzehn. Es war gar nicht so schwierig, sich kennenzulernen, alldieweil wir sehr weit entfernt verwandt sind. Damals im Kriege kam die liebe Verwandtschaft ja gern aufs Land, um sich mal satt zu essen, und sich dann auch mal anderweitig zu amüsieren, aus der Großstadt mal rauszukommen. Irgendwann kam dann auch mein Mann mal. Meine Mutter kannte ihn aus Berlin, sie war mit ihm oft ausgegangen; das war der junge Vetter, der sie ausführte und so. Es gab später sogar ein paar Eifersüchteleien zwischen ihr und mir. Ich wurde abgeordnet: ›Fahr doch mal bitte mit dem Wagen‹ — mit dem Pferdewagen natürlich, Autos gab es keine — ›zum Bahnhof und hol doch mal den lieben jungen Vetter ab.‹ Und das tat ich dann, mit vierzehn. Ich holte ihn ab, und dann blieb er eine Weile. Och Gott, ich fand ihn ganz lustig, aber was hab ich mit vierzehn im Kopf! Doch keine festen Pläne oder sowas. Außerdem hatte er damals ein unheimlich gutes Verhältnis zu meiner Schwester, weil die sich für Biologie und solche Sachen interessierte, und dann saßen die immer da und sezierten Frösche, und das fand ich eklig. Das mochte ich überhaupt nicht. Ich fand es scheußlich, wie die die auseinandernahmen. Und dabei blieb es auch erstmal, viele, viele Jahre. Und dann irgendwann haben wir uns wiedergetroffen im letzten Kriegsjahr, und da fand ich ihn immer noch ganz attraktiv — da hatte er aber schon beschlossen, mich zu heiraten! Er hat's mir nicht gesagt, Gott sei Dank, das hätte mich irritiert. Wir haben uns erst 1945 wiedergetroffen, als wir uns schon nördlich von Hamburg als Landarbeiter niedergelassen hatten, und er in Hamburg studierte. Er hatte das irgendwie mitgekriegt, daß wir da gelandet sind, und dann kam er mit dem Fahrrad auf dem Deich angefahren und erklärte mir, er wolle mich unbedingt heiraten. Ich hatte alles andere im Kopf, nur nicht heiraten. Die Existenzangst stand einem bis zum Hals, Beruf hatte man keinen, zu essen hatte man nichts ...«

Und sie fühlte sich im Kreise von Jungakademikern als Lieschen vom Lande so total deplaziert und unsicher, daß sie nach einem Fest mit Studienkollegen die noch frische Verlobung löste.

»Dann ist jeder erstmal seiner eigenen Wege gegangen. In dieser Zeit habe ich dann Fotografie gelernt und die Ausbildung fertig gemacht. Wir haben uns ganz zufällig wiedergetroffen, 1948; '46 hatten wir uns das erste Mal verlobt. Und '48 haben wir uns zufällig in Berlin getroffen, da war ich mal über die grüne Grenze marschiert, um noch ein paar Sachen zu holen, drüben, und machte in Berlin Station. Wir beschlossen nach zwei Tagen, uns doch wieder zu verloben. Es wäre vielleicht doch das Richtige ... na ja, dann haben wir es ja auch durchgehalten bis heute ...«

Es war und ist bestimmt nicht einfach, die Ehefrau eines solchen Mannes zu sein, und Heilwig von Ditfurth besaß ganz sicher nicht außergewöhnlich viel Selbstbewußtsein, das man wohl braucht, um sich nicht allzuoft klein und unbedeutend neben diesem kreativen, aber monomanischen Energiebündel zu fühlen. Was also war es, was ihr an ihm so gefiel?

»Daß es überhaupt keine Situation gab, wo er nicht eine passende Antwort wußte. Das fand ich erstaunlich, und das hatte ich bis dahin nicht in dem Maß erlebt. Mein Vater hatte zwar auch Antworten auf alles, aber die Fragen, die ich an ihn gestellt habe, waren natürlich auch ganz andere. Wenn ich irgendwas wissen wollte, ich brauchte nur zu fragen, mein Mann wußte das immer. Wenn ich Probleme hatte, ob das jetzt mit meinem Chef war oder sachliche Probleme oder ich plötzlich was gelesen hatte, wovon ich vorher nichts gehört hatte, grad in Richtung Naturwissenschaften, — das war bei uns zu Hause kein Thema, — dann wußte er immer, wo's langgeht, und er hat mir wahnsinnig imponiert.«

»Ich hab das immer sehr bewundert. Wie er für mich komplizierte Sachen verdolmetschen kann. Ich finde es auch toll, wie er praktisch aus dem Nichts heraus Gedanken entwickeln kann, für die ich mich sehr, sehr anstrengen müßte, wenn sie überhaupt kämen — wahrscheinlich kämen sie überhaupt nicht! Aber einfach sich Sachen einfallen zu lassen, so ganz auf die Schnelle, das fand ich schon immer toll und darum habe ich ihn auch sicher beneidet. Weil ich das nicht kann. Dafür kann er wiederum vieles nicht, was ich kann. Das gleicht sich dann aus.«

In ihrem liebevollen, aber konservativen Elternhaus hatte sie gelernt, daß man (als Frau) jemanden braucht, der einem sagt, wo's langgeht . . .

» . . . und so ist es richtig. Ich glaube schon, wenn man so groß wird wie wir, wo alles noch so sehr hierarchisch geordnet ist, daß man das nicht in Nullkommanichts ablegen kann, das bleibt erstmal als Lebensmuster stehen. Es war für mich gar keine Frage, Beruf oder Familie. Familie war absolut vorrangig: Ohne Familie, das ist ja kein komplettes

Leben, das geht ja nicht! Der Spaß an der Arbeit, der ergab sich für mich eigentlich erst, als ich das in meinem Kopf kapiert hatte, daß Leben mehr sein kann, als nur Kinder großzuziehen und Haushalt zu machen.«

Die Kinder haben kritisch gelernt aus dieser Ehe — aber sicher nicht nur davon. Zumindest die beiden ältesten, Jutta und Christian, haben noch vieles von dem, was die 68er Generation so heftig umtrieb, zwar sehr jung, aber hautnah miterlebt und Konsequenzen auch für ihr Privatleben daraus gezogen. Eine Ehe so wie die der Mutter wollten sie auf keinen Fall führen.

»Sie leben eigentlich alles andere als traditionell miteinander, auch die beiden, die geheiratet haben. Alle haben von vornherein Berufe, die sie auch ausüben, und wo sich jeder das gleiche Recht nimmt. Ich hätte nicht gewagt, mir das gleiche Recht zu nehmen. So nach dem Motto: Einer macht den Beruf, und der andere bleibt mal schön hintenan, denn das andere muß ja auch laufen.«

»Bei den Kindern ist das heute ganz anders, und ich muß ehrlich sagen, ich finde, es ist eine gute Lebenseinstellung: jeder hat das gleiche Recht auf seinen Beruf, und wenn er es nicht will, ist es seine Sache, aber wenn er es will, hat er den gleichen Anspruch drauf. Auf die Idee wäre ich überhaupt nicht verfallen!«

Nur das Problem mit den Kindern, wenn beide Eltern berufstätig sind, haben auch sie nicht lösen können. Die drei beruflich besonders engagierten Ditfurth-Kinder haben auf Nachwuchs bisher verzichtet. Und Donata, die jüngste der vier, will pau-

sieren, bis auch das zweite, gerade geborene Baby den Kindergarten besuchen kann. So ist Heilwig von Ditfurth zur Zeit neben ihrer beruflichen und politischen Arbeit als Grüne Stadträtin von Staufen, neben ihrer Funktion als Haus- und Ehefrau auch noch als Oma sehr gefragt.

Ob sie es wohl manchmal leichter gehabt hätte, wenn sie nicht die Ehefrau Hoimar von Ditfurths gewesen wäre?

»Ja, eindeutig! Es wäre eindeutig besser gewesen, ich wäre nicht Frau von Ditfurth gewesen, weil die Scheu der Mitarbeiter dadurch noch sehr groß war. Dieses Gefühl: Der darf man nicht auf den Schlips treten, die sagt's ja sonst ihrem Alten! Dabei hätte ich das sowieso nie getan, und er hätte sich da auch nicht eingemischt. Das war eigentlich schade, so war man doch immer irgendwo ein bißchen außen vor. Manchmal war es auch witzig: Alles duzte sich im Studio — soweit gingen die mit mir nie: Ich war immer die Frau von Ditfurth. Und das ist es, was mir sehr leid getan hat. Bis zum Schluß.

Mein Mann hat das gerne gehabt, der hat gesagt, immer schön auf Distanz bleiben. Manchmal war das gut, manchmal war das auch nicht gut, weil man Außenseiter blieb. Und ich bin auch sicher, daß das bis zum Schluß so war, daß viele Dinge anders gelaufen wären, wenn ich nicht die Frau von dem Mann gewesen wäre, der nun einmal der, wie sagt man da, Moderator und Autor, der Macher war. Andererseits, ich konnte das ja nun nicht verleugnen, ich war es nun mal.«

»Auf der anderen Seite muß ich auch ganz froh darüber sein, denn das hat mir vielleicht manches leichter gemacht. Ich hätte mich nie als Unausgebildete ohne entsprechende Kenntnisse bei einer solchen Redaktion bewerben können. Ich wäre rausgeflogen, hochkantig. Aber da die Leidtragenden meiner Nichtkenntnis Volker Arzt und mein Mann waren, war das nicht so problematisch. Die hätten dann halt höchstens gemeckert, und das hätten sie gerne machen können, aber ich wäre meinen Job nicht gleich losgeworden. Ich hätte mich doch nie bei einer Redaktion bewerben können, das wäre Größenwahn gewesen.«

Profitiert haben von dieser symbiotischen Zusammenarbeit am Ende beide.

»Ich habe also durch meinen Mann gelernt, überhaupt in einer Richtung zu denken, die vorher ganz, ganz weit weg war. Und er hat sicher davon profitiert, daß er sich nicht mit fremden Leuten auseinandersetzen mußte, sondern auch Tag und Nacht, Samstag und Sonntag, immer sagen konnte: ›Du, da ist noch ein Brief zu schreiben, da ist das bitte noch, und da mußt du noch telefonieren‹. Er hat sicher sehr davon profitiert, weil er sich nicht nach einem strengen Bürotag richten mußte, und außerdem kann man sich natürlich auch untereinander besser über Sachen absprechen, und ich konnte ihm auch sagen: ›Du, das finde ich scheußlich, was du da machst, oder das gefällt mir nicht.‹

Und er konnte zu mir sagen: ›Ich finde das scheußlich, was du da machst.‹ Das kann man nicht mit Angestellten machen. Ich denke, wir haben auf verschiedenen Ebenen gleich viel profitiert voneinander.«

Ob das je zu trennen sein wird: Ihre langsam gewachsenen eigenen Kenntnisse, der sichere Umgang mit den Medien und ihr Status als Frau eines Mannes, der absoluter Profi im Wissenschaftsjournalismus ist? Wer macht die Filme, wer sitzt im Stadtrat und im Vorstand von Ökomedia: Heilwig von Ditfurth oder die Frau von Hoimar von Ditfurth? So etwas geht sehr langsam in die Köpfe von Leuten, das braucht Zeit.

Und natürlich: Sie müßte ja nicht arbeiten, wenn sie nicht Lust dazu hätte, auch Lust, eigenes Geld zu verdienen, weil sie das Gefühl genießt, mit diesem Geld anders umgehen zu können als mit dem ihres Mannes.

Was beiden am Herzen liegt, ist die Ökologie, aber die Aufgaben, die sie sich stellen, sind verschieden: Er versucht, als Wissenschaftsjournalist möglichst global aufzuklären; sie macht vor Ort politische Kärrnerarbeit bei den Grünen. Wie hat er auf ihre Mitgliedschaft bei den Grünen reagiert?

»Er findet es wichtig, daß ich es tue, weil er weiß, wie wichtig mir das ist. Denn ich könnte es parteilos nicht machen. Ich kann es nur eingebunden in die Partei tun. Ich kann mich nicht wie er hinstellen und irgendwo Vorträge halten, da hört keiner hin. Ich selber hörte mir da auch nicht zu, weil es fürchterlich wäre. Aber ich kann hier in meinem örtlichen Umfeld schon einiges für die Partei tun oder sagen wir mal, für den ökologischen Gedanken, und für mich läßt der sich im Moment nur mit der Grünen Partei verwirklichen.«

1980 wurde sie Mitglied, unbeeinflußt von ihren Kindern. Der Grund:

»Ich habe mich zunehmend geärgert über die Ignoranz aller anderen Parteien und überhaupt der gesamten Politik diesen Problemen gegenüber. Wir sitzen hier in einem total abgestorbenen Wald, zwischen — ich weiß nicht — 70 und 80 % kaputten Bäumen, das kann man dann einfach nicht mehr so hinnehmen und sagen, ich laß die anderen mal machen. Ständig kamen diese Probleme — genau wie heute — auf den Tisch, und da habe ich gesagt, ich kann dem nicht mehr nur so zugucken von außen. Damals gab es einen einzigen Grünen in Staufen, den habe ich gefragt: ›Werner, brauchst du noch ein Mitglied?‹ Werner ist ein pensionierter Lufthansapilot und aus denselben Motiven dazugekommen wie ich. Von da an waren wir zu zweit. Und dann wurden wir immer mehr und immer mehr, und schließlich waren wir sehr viele und konnten es wagen, uns zur Wahl zu stellen. Das war vor drei Jahren. Na gut, wir haben zwei Grüne im Rathaus, das ist zwar nicht viel für einen Stadtrat von zweiundzwanzig Leuten, aber es ist besser als gar nicht drin zu sein.«

Seit einiger Zeit haben sich die Rollen ein wenig verschoben im Hause von Ditfurth. Die Ehefrau ist öfter beruflich unterwegs, der Ehemann sitzt fast nur noch zu Hause am Schreibtisch. Wie verkraftet er die neue Selbständigkeit seiner Frau?

»Ich würde sagen, das ist ganz zwiespältig. Auf der einen Seite ist es ihm sehr ärgerlich, wenn ich viel weg bin, das geht eigentlich überhaupt nicht gut, oder wenn ich den ganzen Tag bei Ökomedia sitze, dann ist er ärgerlich darüber, daß ich hier nicht zur Verfügung stehe oder überhaupt weg bin, und auf der anderen Seite — imponiert es ihm auch wieder. Das ist sehr witzig. Wenn ich jetzt wieder zehn Tage mit dem Team unterwegs bin, dann findet er das auf der einen Seite schön, weil er weiß, wie gern ich das mache, und auf der anderen Seite fühlt er sich natürlich furchtbar vernachlässigt.«

Hoimar von Ditfurth hat natürlich auch nie gelernt, irgend etwas im Haushalt zu tun, und die Vorstellung, er koche, bügle Hemden, nähte Knöpfe an oder saugte den Teppich im Wohnzimmer, ist einfach absurd. Haushalt, das ist nicht seine Sache.

Aber wenn beide sich einmal vom Berufsleben verabschieden werden, dann gibt es vor allem für Heilwig von Ditfurth eine sehr konkrete Glücksvorstellung: Nie mehr planen, einfach täglich spontan beschließen, was man tun möchte.

»Einfach Sachen machen, die nicht stressig sind, die mich nicht unter Zeitdruck setzen. Ökomedia aus Liebe, solange ich denken kann, Grüne Politik, sicher nicht mehr so aktiv, d. h. nicht mehr als Funktionär, in welcher Position auch immer, höchstens als Zuschauer am Rande. Ich weiß ja nicht, wie das sein wird, vielleicht findet man es dann, wenn es soweit ist, illusorisch oder kindisch, aber die Vorstellung, morgens aufzustehen und sich sagen zu können: Heute hast du nichts vor! Es passiert heute nichts, das muß ganz toll sein. Denn die Zeit war bei uns immer scharf eingeteilt, und ich denke, das ist einer unserer größten Fehler, daß wir uns so wenig Luft lassen für Spontaneitäten!«

Sagt Heilwig von Ditfurth und entschwindet, um nach einem wirklich anstrengenden Tag den temperamentvollen Enkel Philipp abzuholen, weil Mama nach der Entbindung noch Schonung braucht.

Dr. Gustava Everding

von Stefan Reiss und Peter Kropf

Dr. Gustava Everding, *48, ist Ärztin.*
Seit dem Abschluß eines Zweitstudiums (Psychologie, Kommunikationstherapie) arbeitet sie an einem Münchner Institut für Ehepartner- und Familienberatung.
Sie ist verheiratet mit Prof. August Everding, dem Generalintendanten des Bayerischen Staatstheaters und Mutter von vier Söhnen.

»Ich bin ungeduldig; ich kann überhaupt nicht warten. Wenn es eine Hölle gibt, dann wäre das ›Warten‹ für mich. Das ist ja wohl die Hölle. Ich bin ungeduldig, aber ich lasse es nicht aus an meinen Mitmenschen, oder nur sehr selten. Außerdem bin ich neugierig, sehr sehr neugierig, bin nicht unsinnlich, ich reise gern, erkenne gern, feiere gern, lese gern, schreibe gern — bin ehrgeizig. Ich bin eitel.«

So schätzt sich August Everding ein, Generalintendant des Bayerischen Staatstheaters in München. Ruhig und nachdenklich: das ist der erste Eindruck von der Frau, die seit vierundzwanzig Jahren mit diesem Mann verheiratet ist. Sie wohnen — oder soll man sagen: residieren — im ersten Stock der mittelalterlichen Burg Grünwald bei München — unter ihnen nur noch das Burgmuseum und der Castellan. Wir sitzen in Gustava Everdings Lieblingsecke in einer ehemaligen Kapelle; sie reicht Kaffee aus der Thermoskanne, dazu Milch und Zucker in fein verziertem Silber. Sie spricht ausnehmend leise, in sich gekehrt.

»Oft werde ich gefragt, ob es schwer ist, mit diesem Menschen zu leben. Ich denke, die vierundzwanzig Jahre, die wir jetzt zusammen leben, haben eigentlich gezeigt, erstens, daß es geht und zweitens, daß es sehr gut geht. Große Wechsel sind geschehen — denke ich mir — weil ich sehr jung war, als wir uns kennenlernten, einundzwanzig, und mein Mann ein eingefleischter Junggeselle von zweiunddreißig, der eigentlich immer nur an Arbeit gedacht hat. Er war damals an den Kammerspielen Schauspieldirektor und wurde zwei, drei Jahre später Intendant. Als wir dann heirateten und die ersten Jahre unserer

Ehe mit Kinderbekommen und Abschluß meines Studiums und der Klinikzeit zubrachten, war für mich nicht so viel Zeit, um meine Position zu stärken und Dinge durchzusetzen. Aber mit dem Größerwerden oder Erwachsenwerden der Kinder haben sich doch Positionen in der Ehe geklärt und verändert. Mittlerweile denke ich, daß er in vielen Dingen auf mich hört, wo er früher gar nicht in der Lage war zuzuhören. Da veränderte sich auch seine Spontaneität, die eine große Stärke von ihm ist, die auf der anderen Seite aber auch Schwäche sein kann, wenn sie einen überrennt.«

Wann sie ihren Mann kennengelernt hat, kann Gustava Everding nicht so genau sagen. Beide sind in einer Kleinstadt in Westfalen, in Bottrop, aufgewachsen.

»Weil er der Sohn des Organisten war, habe ich ihn wohl zuerst spielen gehört. Ich erinnere mich, da müssen wir so Backfische gewesen sein, kichernde Backfische: Wenn die Orgel anders klang, dann wußten wir, das ist der Junior. Ich habe keine Vorstellung gehabt, wie er aussah, aber es war eine romantische Orgel, und der Vater meines Mannes spielte sie nach der alten Tradition der Kirchenmusik, die von Bach herkam, sehr streng. Und diese romantische Orgel lebte erst richtig mit allen vollen Zügen, wenn der Junior sie spielte, vor allem an Fronleichnam. Er ging im Hause meiner Mutter ein und aus, weil er gemeinsam mit meinen Onkels in einer Studentenverbindung war. Er schätzte, daß meine Mutter, die immer sehr viel gelesen und sich gern unterhalten hat, sich freute, diesen jungen Studenten zu empfangen. Damals fand ich ihn grauenhaft, weil er immer so geschniegelt daherkam. Ich kam vom Reiten und habe mir bewußt die Hände nicht gewaschen und die Reithosen nicht ausgezogen, weil ich ihn unmöglich fand; wir mochten ihn alle irgendwie nicht so, den Eindringling da.«

»Richtig kennengelernt habe ich ihn erst in München beim Studium. Ich studierte Medizin und hatte meine vorklinischen Semester in Bonn und Freiburg gemacht. Endlich war es aber soweit, ich durfte nach München. Es war Tradition in Bottrop, daß die Töchter, die nach München gehen, den Herrn Schauspieldirektor Everding besuchen, wenn sie ins Theater wollten. Also auch ich: ›Fräulein von Vogel*, Sie melden sich um zwölf Uhr am soundsovielten beim Pförtner der Kammerspiele!‹ Gut, ich habe das gemacht, und dann ist er gleich mit mir zum Essen gegangen: ›Würde es Sie stören, wenn noch die und die dabei ist?‹ Das war eine Frau, die ich heute ganz gut kenne, die mir aber damals unendlich viel Angst gemacht hatte, weil sie eine sehr modisch angezogene, interessante Schauspielagentin war. Und ich dagegen die kleine Studentin, die nie Wert auf Kleider und auf Aussehen gelegt hatte. Ich trug ein altes Kostüm meiner Großmutter, und so erschien ich dort.

Am nächsten Abend: Theater. Dann hat er mich dauernd auf den Prüfstand gesetzt, mich nach jeder Aufführung gefragt: ›Also, was hat Ihnen nicht gefallen?‹ Ich bin zwar mit Theater und Musik aufgewachsen, aber so gezielt Kritik gleich aussprechen — ich war immer gewohnt, daß man erst einmal

* Mädchenname von Frau Everding

sagt, was einem gefallen hat. Aber dann muß das Ergebnis wohl zur Zufriedenheit des Herrn Schauspieldirektors ausgefallen sein, jedenfalls haben wir uns von da ab immer öfter gesehen.«

Was hat die junge Medizinstudentin damals an August Everding besonders fasziniert?

»Ich hatte bis dahin nie einen Menschen getroffen, der mich so ernst nahm, der — wie ich glaubte — alles, was ich sagte, stehenließ oder annahm oder anhörte. Das war ein großes Erlebnis, weil mir das bis dahin noch nie widerfahren war. Ein weiteres Erlebnis war, ihm bei der Arbeit zuzusehen. Wir waren in dieser Zeit viel zusammen, ich habe also Proben sehen können, Besprechungen mit Bühnenbildnern und dann am Wochenende Rundfunksendungen. All das war für mich eine neue Welt, Dinge, die ich zwar kannte, aber nicht wußte, wie sie gemacht werden und wie die Menschen miteinander arbeiten. Mit der Zeit wurde unsere Bekanntschaft immer ernsthafter. Ich habe das zu Hause ziemlich verheimlicht, aber nach drei Monaten war mir bereits klar: er und kein anderer.«

Zu Hause hat sie diese Beziehung erst einmal verheimlicht. Warum?

»Ich weiß nicht, ob man das heute noch erklären kann; ich wollte ihn für mich haben. Daß sonst jeder drüber reden würden, war mir schon sehr früh klar, weil er nicht nur in Bottrop ein bekannter Mann war. Und ich war eben nur die kleine Studentin.«

Elf Jahre Altersunterschied: Im Unterbewußtsein, sagt Gustava Everding, habe sie wohl das Bedürfnis nach »einem Herrn über sich« verspürt. »Ich habe mit Gleichaltrigen immer gut flachsen können und war berühmt für meine Frechheit und Schlagfertigkeit. Ich war schon relativ ungezügelt, und ich denke, daß ich jemanden gesucht habe, der sehr klar sagte, wo es für ihn langgeht und an den ich mich anlehnen konnte. Das Wort Anlehnen ist vielleicht mehr im übertragenen Sinne zu verstehen, denn meinen eigenen Kopf habe ich immer noch. Meine Mutter hat immer behauptet: ›Du hast zwar selten einen Dickkopf, aber wenn, dann hilft nichts mehr.‹

Dann kam die Geschichte mit der Hochzeit, die schnell in der ganzen Familie die Runde machte. Irgendwann ging es wohl doch nicht mehr anders, und mein Mann ist zu meiner Mutter gegangen und hat ihr gesagt, daß wir heiraten wollen. Weil ich gerade meine Doktorarbeit machte, wollte er wohl, daß ich nicht gestört würde. So hat er alles mit meiner Mutter alleine ausgemacht. Meine Großmutter fand, wenn der Mann schon vor der Ehe so über die Frau bestimmt, dann wird das nie gutgehen. Also die Hochzeit wurde festgesetzt, und ich rechne ihm heute noch hoch an, daß er 1963 die Intendanz an den Kammerspielen nicht mit mir als seiner Freundin, sondern als seiner Frau beginnen wollte. Das fand ich sehr schön, weil es auch meinen Idealen entgegenkam.«

Am 22. Juli 1963 heirateten sie in München, im April 1964 wurde der erste Sohn, Marcus, geboren, im Oktober 1965 der zweite, Cornelius, im Dezember 1966 der dritte, Christoph. Sie wollte immer schon viele Kinder, und Verhütung war damals kein Thema.

»Über Verhütung hatte ich mir selbst als Medizinerin keine Gedanken gemacht. Ich wollte es einfach nicht wissen, ich wollte einfach gerne Kinder. Professor Döring war mein Arzt, und es war so köstlich, wie er ganz verschämt nach dem dritten Kind ein Verhütungsbüchlein auf meinen Nachttisch legte. Selbst er als Kollege traute sich nicht so recht über dieses Thema zu reden, aber er meinte, drei Kinder wären wirklich genug — das vierte kam zehn Jahre später.«

Bis zur Geburt des dritten Kindes studierte Gustava Everding Medizin, machte ihr Staatsexamen und promovierte. Die Kinder und deren Erziehung waren immer ihr Gebiet. »Mein Mann hätte gerne Einser-Schüler gehabt oder Kinder, mit denen die Mutter arbeitet. Ich dagegen war der Meinung, daß dies das Problem der Kinder selbst ist. Nachdem ich in der zweiten Klasse bei meinem zweiten Sohn in einem Machtkampf gescheitert war, vertrat ich die Meinung, das muß nicht nochmal sein. Mein Mann hat an dieser Nuß lange geknackt, bis er es begriffen hatte, bis er das Sitzenbleiben seiner Söhne verkraftet hatte. Ich denke, daß er heute weiß, wie wichtig diese Erfahrung war. Irgendwie ist es an unserer Beziehung schön, daß man sich gegenseitig auch sagen kann, daß der andere mal recht oder unrecht hat.«

Zur Rolle des Vaters sagt Sohn Christoph: »Ich glaube schon, daß mein Vater an meiner Jugend teilgenommen hat, aber er hat zum Beispiel oft nicht gewußt, in welcher Klasse ich war, weil ihn das einfach nicht interessiert hat. Ich meine, das sind andere Sphären, und damit muß ich selber leben. Ich war nie mit meinem Vater auf dem Fußballplatz oder habe mit ihm im Garten gespielt. Ob das nun richtig ist oder nicht, das ist eine andere Frage. Aber da gibt es natürlich schon Bereiche, die ausgespart worden sind. Auf der anderen Seite gab es dafür Gespräche oder das Teilnehmen am großen Leben — da habe ich dann viel mehr mitbekommen.«

Vor- und Nachteile durch den Namen Everding werden von der Familie als ziemlich ausgeglichen gesehen.

»Es gab schon eine Zeit, in der es mir schwerfiel, nur Frau Everding zu sein. Entweder sprach man mit mir über den Beruf meines Mannes, oder man fragte mich nach den Kindern.

Mittlerweile, seitdem ich wieder selbst arbeite, genieße ich den Namen Everding, weil er wirklich Türen und Herzen öffnet. Die Kinder empfinden das nicht so einfach. Aber nun sind sie die Kinder und nicht die Frau. Da heißt es immer, als Sohn von Everding müßtest du doch das und das tun können. Mein Sohn Marcus beschreibt das für seinen Theaterberuf so: Ein Drittel der Menschen behandelt ihn, als ob er ein alter Herr sei, dem man etwas hintragen muß, ein Drittel mit Vorurteilen und höchstens ein Drittel normal. Ich hatte die gleiche Erfahrung bei meinem Staatsexamen. Ich bekam ein Drittel bessere Noten, ein Drittel schlechtere und einmal genau die, die ich verdiente, und weil es drei-drei-drei war, ging es auf.«

Anfangs begleitete Gustava Everding ihren Mann auf nahezu alle Reisen, Empfänge und Festivitäten. Als dann die Kinder geboren wurden, war sie weitgehend ans Haus gebunden. Inzwischen ist der Nachwuchs älter und damit selbständig geworden, so daß jetzt mehr freie Zeit für eigene Arbeit und den Besuch ausgewählter Veranstaltungen an der Seite ihres Mannes bleibt.

Fühlte sie sich vorher als Anhängsel ihres Partners?

»Ja, das war auch realistisch. Er war der gefragte Regisseur, und ich habe ihn begleitet. Ich fand das herrlich, ich habe New York kennengelernt, San Francisco, Südamerika. Das hat mir immer gefallen, denn auf Reisen sind wir ja zu zweit, auch wenn ich nur ein Anhängsel bin.

Wenn ich überlege, was sich durch meinen Mann in meinem Leben verändert hat, so denke ich, das Wichtigste ist, daß er mir immer mehr Stücke der Realität nahe gebracht hat, ich konnte sie durch ihn sehen. Ich bin eigentlich eine große Träumerin. Diese Realität, die er mir immer stärker nahe gebracht hat oder die ich immer besser annehmen konnte, das ist der entscheidende Punkt. Für mich ist das Wort Anhängsel kein Schimpfwort.

Meine Empfindung war, daß ich in einen Lebensplan hineinging, den er gemacht hatte. Weil ich damals noch so jung war, fiel mir diese Anpassung relativ leicht. Wir haben uns recht früh schon, als die Kinder noch gar nicht geboren waren, darüber unterhalten, daß wir später immer zuammen mit den Kindern in Urlaub fahren werden. Wir haben schon einiges gemeinsam entschieden, aber die Richtlinie galt, der Kapitän ist er. Ich habe das Bild dann auf meine Kinder übertragen. Das fanden sie später furchtbar. Ich habe immer gesagt, wenn sie gestritten haben, ihr könnt eure Meinung sagen, aber ich bin der Kapitän und ihr die Leichtmatrosen. Das nehmen sie mir heute noch übel. Aber wenn man ein

Schiff auf Kurs halten will, dann muß einer das Kommando haben.«

Hatte sie nie eigene Vorstellungen vom Leben, Wünsche an das Leben?

»Ich hatte natürlich schon Lebensträume. Ich wollte mit fünfzehn zu einem Pater nach Indien, und der hat mir zurückgeschrieben, ich sollte doch erst mal einen Beruf lernen. Dann wollte ich Tropenärztin werden, wohl eine Mischung aus Abenteuerlust und Medizin... Und es gab einen Traum, den ich aber schon sehr früh durch eigene Realitätskontrolle verdrängt habe: ich wollte gerne malen. Ich habe viel gezeichnet und gemalt, habe aber gemerkt, daß ich kein Maler bin.

Mein Mann hatte ja in seinem Lebensplan erreicht, was er wollte. Intendant der Kammerspiele war ein Traum für einen Assistenten, der von der Universität kam und in der Dramaturgie Zeitungsartikel ausgeschnitten hat. Er war also schon an einem Punkt, an dem Karriere nicht mehr das Wichtigste war. Wir wollten schon das Leben gemeinsam gestalten, aber es war schwierig, denn er sagte halt, 1967 habe ich diese Inszenierung und 1969 jene, dann plant man eine Reise um die Inszenierung herum; insofern sind die Richtlinien schon von ihm vorgegeben worden.«

Zu ihrem eigenen Lebensplan hat »Karriere« nicht gehört. »Das Wort war mir nicht fremd, aber es paßte nicht zu mir. Ich wollte immer eine Arbeit, aber es kam dabei nicht darauf an, möglichst weit aufzusteigen.«

In Hamburg, 1974-1977, — die Kinder waren in der Schule —, überlegte sie: »Fängst du wieder zu arbeiten an oder nicht. Ich denke, daß mein Unterbewußtsein entschieden hat. Ich wurde schwanger.« Sie erklärt das so: »Immer, wenn eine schwierige Entscheidung anstand, wenn ich Ideale aufgeben oder mich von etwas trennen wollte, provozierte ich unterbewußt, daß mir irgend etwas zustieß, und verschaffte mir so Zeit zum Nachdenken.«

So auch nach zehn Jahren Ehe: Plötzlich überfiel sie die Idee wie eine Blitzerkenntnis: »Vielleicht stimmt das gar nicht alles, war er dir immer erzählt. Ich meine damit den Einbruch, wenn eine Gottheit vom Sockel stürzt, und am nächsten Morgen stürzte ich vom Pferd. Das war ein großer Einschnitt in meinem Leben. Ich hatte mir zwei Wirbel gebrochen, und das ist psychologisch für mich eine ganz interessante Verbindung.«

Hatte sie nie vorher Zweifel an dem Idealbild, das sie sich von ihrem Mann gemacht hatte?

»Nein, gar nicht, bis dahin stimmten ja meine Werte. Ich werde immer noch erwachsen. Ich denke, daß diese Einschnitte immer wieder kommen, mir fallen dazu die sieben Jahre vom Nil ein, abwechselnd fette und dürre. Ich habe auch solche Rhythmen in meinem Leben festgestellt. Drei gute Jahre, drei schlechte Jahre, in denen man Prozesse, die man durchgemacht hat, auch wieder verarbeiten muß. Die Erkenntnis, daß der Partner wie von einem Sockel stürzt, ins Leben einzubauen, das braucht natürlich Zeit. Es beginnt damit, daß einem das Widersprechen schwer fällt, oder daß man dafür kämpfen muß, sich durchzusetzen.«

Als der jüngste Sohn sechs Jahre alt wurde, verwirklichte sie einen Lebenstraum: Eine zweite Ausbildung. Sie beschäftigte sich intensiv mit Psychologie, studierte Kommunikationstherapie und arbeitet seitdem in der Ehe- und Familienberatung.

»Prägend war für mich das Beispiel meiner Mutter, die zu Hause Mädchen vom Fürsorgeverein aufnahm, die entweder Kinder bekommen hatten oder aus dem Gefängnis kamen, also sogenannte gefallene Mädchen, wie sie damals bei uns hießen. Sie hatte immer Pflegschaften übernommen und sich um diese Menschen gekümmert. Als stellvertretende Vorsitzende hatte sie ein ganzes Kinderheim unter sich, in dem ich praktisch aufgewachsen bin mit Gedichtaufsagen und all diesen Dingen. Das Motto war wohl: Wenn es dir selber gutgeht, dann gib es weiter. Das ist auch zu einem meiner Leitsätze geworden. Ich habe natürlich schwer gekämpft mit all den Auswüchsen dieses Helfersyndroms, weil man oft in Unkenntnis nur Mitleid weitergibt anstatt Hilfe. Da habe ich viel, viel lernen müssen. Ich denke, daß der Beruf, den ich jetzt ausübe, mir auch hilft, daß ich privat nicht mehr in diese ganzen Fallen tappe. Da setzt, vielleicht etwas verspätet, die Idee eines Lebensplanes ein. Ich sah viele Ehefrauen, die nach dem Abitur ihrer jüngsten Kinder wirklich haltlos und hilflos ein Anhängsel ihrer Männer waren, so daß sie von ihren Männern nicht mehr geachtet und als würdiger Partner angesehen wurden. Das war ein Schreckensbild für mich. Ich habe auch die Versuche gesehen, das zu ändern, die oft viel zu spät einsetzten, nämlich, wenn die Leere bereits da war. Das ist vergleichbar mit Ruheständlern, die immer sagen, wenn sie erst pensioniert sind, dann machen sie das oder das. Wenn sie aber ein Hobby nicht schon zehn Jahre vorher begonnen haben — das kann man fast als Regel sagen — dann funktioniert das nicht. Und so habe ich früher angefangen wieder zu arbeiten, vielleicht zu früh für den Jüngsten und für den Rest der Familie, denn alle haben ziemlich turbulent auf die Veränderung reagiert. Daß eben nicht mehr das Essen pünktlich auf dem Tisch steht, daß man sich mal abspricht, wer auf den Kleinen aufpaßt, wenn ich nicht da bin. Mein Mann ist da zum ersten Mal eingespannt worden. Ich habe also sehr darauf hingearbeitet, früh genug anzufangen, um diese Leere zu vermeiden, die jetzt schon kommt, wenn die Kinder langsam aus dem Haus gehen.

Hat ihr Mann die neue Selbständigkeit ohne Widerspruch hingenommen? Wie hat er reagiert?

»Bockig, hart, regressiv. Für mich war das zunächst schwer, weil das teilweise in Vorwürfen geschah, und die Reaktion war erst im nachhinein verständlich, denn letztlich habe ich ihm ja auch unendlich viel weggenommen. Geben und Nehmen haben sich einfach verändert. Vorher war ich ja ständig da. Wenn er anrief und ich am Telefon war, hat ihm das — so sagt er immer — in schweren Verhandlungen Halt gegeben. Die Vorstellung, daß zu Hause alles da ist und auf ihn wartet, das ist für ihn ungeheuer wichtig. Das ist eine innere Sicherheit, die er hatte und die plötzlich nicht mehr da war. Die Kinder haben die Selbständigkeit eher genossen. Eine Mutter, die ständig da ist, gängelt ja auch.

Gustava Everding hat diese Veränderung, diese neu gewonnene Selbständigkeit auch als eine Art Selbstbefreiung empfunden:

»Mir fällt dazu eine Geschichte ein aus der Zeit, bevor ich wieder anfing zu arbeiten. Ich wollte in ein Ella-Fitzgerald-Konzert im Deutschen Museum gehen; für die erste Vorstellung hatte ich keine Karten mehr bekommen, erst für abends um halb zehn. Ich hatte meiner Familie das erklärt, und auch, daß sie auf den Jüngsten aufpassen sollten. Mein Mann kam rechtzeitig nach Hause. Um halb neun sagte ich: ›Ich gehe.‹ — ›Wieso gehst du jetzt schon, es fängt doch erst um halb zehn an.‹ Da habe ich einen Tobsuchtsanfall bekommen. Denn wir wollten vorher noch ein bißchen in Stimmung kommen, wir wollten essen gehen. Da stellte ich plötzlich fest, daß ich all diese Wünsche und Bedürfnisse vorher nicht gehabt hatte oder einfach nicht ausdrücken konnte.

Seit ich wieder arbeite, kommt es natürlich schon öfters vor, daß mein Mann vor mir nach Hause kommt. Das ist ein ganz neues Gefühl. Für mich ist es unheimlich schön, dann einfach an ihn ran zu können, alles ablassen zu können, was am Tag gewesen ist. Es ist auch ein wirklich großes Glücksgefühl, daß es uns im Augenblick gut geht. Es gab Zeiten, wo das nicht so war. Wenn man in der Eheberatung erlebt, wie sich andere Paare anfetzen, dann freue ich mich schon, daß ich noch glücklich bin, wenn ich nach Hause komme und meinen Mann sehe.

Wie würde sie sich selbst charakterisieren?

»Wir müssen das während der Arbeit immer wieder in unseren Psychospielen machen; deswegen fällt es mir wahnsinnig schwer, gestehe ich. Ich habe auch größere Schwierigkeiten, etwas Positives zu finden, obwohl ich weiß, daß es nicht stimmt. Ich weiß, was ich nicht mag an mir, aber was ich mag? — Was ich nicht mag: Immer noch so unausgeglichen zu sein. Mein Ziel wäre, ein maßvolles, reifes Innenleben zu haben, und das ist, weiß Gott, nicht das, was ich habe. Es wird sogar schwieriger; ich war, glaube ich, früher ausgeglichener. Ich denke, das werden auch die Wechseljahre sein.

Und welche positiven Eigenschaften schreibt sie sich zu?

»Auf Menschen zugehen können, sie anhören, anschauen, zuverlässig sein, Vertrauen geben können, mittlerweile wissen, was ich will.«

Heidrun Farthmann

von Wolfgang Korruhn

Heidrun Farthmann, *50, ist seit dreißig Jahren mit Prof. Friedhelm Farthmann verheiratet, dem derzeitigen SPD-Fraktionsvorsitzenden im Düsseldorfer Landtag. Sie haben zwei erwachsene Töchter. Nach fünfundzwanzig Jahren als Hausfrau hat Heidrun Farthmann das Abitur nachgeholt und studiert Psychologie.*

Wie eine Ehefrau mit prominentem Namen aus der politischen Welt finden, die bereit wäre, sich im Fernsehen portraitieren zu lassen? Die Recherche beginnt natürlich mit Telefonaten. Da liegt bereits die erste Schwierigkeit. Die sogenannten Spitzenpolitiker stehen nicht im Telefonbuch, haben also eine Geheimnummer, die kein Fräulein bei der Post preisgeben darf. Der einzige Weg, den der Journalist gehen kann, ist der über die Behörde, das Ministerium oder wo immer der Ehemann regiert oder residiert.

Ruft er im Sekretariat des Mannes an, um seine Bitte vorzutragen, wird er immer mit der Pressestelle verbunden, die eine Notiz schreibt, mit dem Versprechen, diese dem Ehemann vorzulegen. Was dann geschieht, ist ein interner Vorgang. In der Regel ist es so, daß der Pressereferent, vielleicht nach kurzer Absprache mit seinem Chef, aber oft auch selbständig, nach »Interessenlage« entscheidet. Von Pressestellen wird Fernsehen sehr gezielt eingesetzt, um Politik zu »verkaufen« und den »hochgestellten« Mann, der sie verwaltet, darzustellen. Ein »Nein« kann bedeuten, die Veröffentlichung ist im Augenblick nicht dienlich oder aber, der Sendeplatz ist nicht prominent genug. Außerdem lassen sich Politiker verständlicherweise nur sehr selten und äußerst ungern mit Journalisten ein, bei denen nicht von vornherein klar ist, daß die Sendung in ihrem Sinne abläuft. Wenn Privates angepeilt wird, wird immer nur derjenige Erfolg haben können, der sich in den Augen des Politikers bereits bewährt hat, also dem Politiker aus gemeinsamer publizistischer oder sogar Parteiarbeit bekannt oder verbunden ist.

Der telefonierende Fernsehmann, immer noch auf der Suche nach einer Ehefrau mit bekanntem Namen, merkt sehr rasch, daß bis zu ihr ein weiter Weg ist, der immer und auschließlich über Männer führt. Selbst bei Veranstaltungen, in denen sich der mächtige Mann der Öffentlichkeit und dem Fernsehen präsentiert, wird es kaum gelingen, an eine Politikerfrau ranzukommen, weil die Männer in der Regel ohne ihre Frauen auftreten. Ich habe es mehr als einmal erlebt, daß der Pressesprecher eines Bundes- oder Landesministers die Ehefrau seines Chefs auch nach langjähriger Tätigkeit nie zu Gesicht bekommen hat. Wenn die Frau nicht gerade in einer caritativen Organisation oder in der Partei des Mannes irgendwie engagiert ist, pflegt sie hinter dem Vorhang eines unbekannten Familienlebens für die Öffentlichkeit verborgen zu bleiben.

Warum diese lange Vorrede? Die Antwort ist: weil ich ungewöhnlich lange suchen, recherchieren mußte, bis sich eine Politikerfrau von der Seite ihres Mannes losmachte, um allein vor die Kamera zu treten.

Heidrun Farthmann sagte spontan »Ja«.* Es war an einem Freitag kurz vor zwölf, und um zwei Uhr hatten wir unser erstes Gespräch und das sogar vor laufender Kamera. Wir trafen uns in der Mensa der Düsseldorfer Uni. Zu Beginn der Ferienzeit war der große, häßliche Saal fast leer, nur ein paar meist ausländische Studenten saßen noch bei einem Kaffee

* Ihre private Telefonnummer hatte ich von der Sekretärin ihres Mannes erhalten, die meinte: »Rufen Sie einfach an und fragen Sie, ob sie's macht.«

zusammen. Frau Farthmann kam mit Umhängetasche, fast alternativ gekleidet, entschuldigte sich, daß sie zehn Minuten zu spät war. »Haben Sie was dagegen, daß wir sofort drehen?« Sie lachte, ich glaube, etwas verlegen und sagte: »Na dann mal los, aber ich fürchte, ich bin nicht so interessant, wie Sie meinen.«

»Ich habe jetzt das achte Semester abgeschlossen. Habe vor einem Jahr das Vordiplom bestanden. Aber die beiden Semester, die dann folgten, haben mir zum ersten Mal so richtig Spaß gemacht.« Die nun Fünfzigjährige trinkt einen Schluck Cola aus einem Pappbecher und redet, als kennten wir uns schon seit Jahren, und als sei ich nur mal so zum Plaudern vorbeigekommen.

Heidrun Farthmann, verheiratet mit dem ehemaligen NRW-Minister für Arbeit, Gesundheit und Soziales, Friedhelm Farthmann, studiert in Düsseldorf das Numerus-Clausus-Fach Psychologie. »Ganz schön mutig«, staune ich, »haben Sie nicht Angst gehabt, in einem Kreis junger, ehrgeiziger Leute zu versagen?« Nun lacht sie gar nicht mehr, denn sie erzählt mir, warum sie sich »aus dem Loch, in das ich mich zurückgezogen hatte« herausgewagt hat, als sie fünfundvierzig war.

Heidrun Farthmann ist seit dreißig Jahren verheiratet, und sie hält nicht hinterm Berg, was es bedeutet, die Frau eines Politikers zu sein. Selbstverständlich will ich erst einmal wissen, ob die Mutter zweier Töchter von ihrem Ehemann als »Spätstudierende« akzeptiert wird, und wo die häuslichen Probleme liegen oder lagen. »Mein Mann merkt ja gar nichts. Wenn der aus dem Haus geht, bin ich noch da, und wenn der wiederkommt, bin ich schon wieder da. Denn er kommt frühestens zu den Tagesthemen nach Hause. Der hat mich noch nie zu Hause nicht angetroffen. Und ich weiß nicht, ob er sich so furchtbar für das interessiert, was ich mache. Ich möchte ihm immer so gern mal was Interessantes von mir erzählen, aber . . .«

Nach der dritten Cola begleiten wir sie in ihr Haus am Rande Düsseldorfs. Sie schließt den schußsicheren Eingang auf, es steht noch eine volle Mülltüte im Eßzimmer, die sie unter Entschuldigungen wegräumt. Dann öffnet sie die schußsichere Tür, die in ein winziges ummauertes Gärtchen hinausführt. Blühende Rosen, alles sehr gepflegt — von ihr, versteht sich.

»Ich bin eigentlich in einer Anhängselfunktion. Ohne anderen Leuten bösen Willen zu unterstellen: Aber wenn ich zehn Meter neben meinem Mann stehe, dann tun sie so, als hätten sie mich noch nie gesehen. Es ist schon ziemlich kränkend, wenn man das Gefühl haben muß, man ist nur was wert, wenn man neben dem Mann steht. Und ich sage Ihnen, es ist eine lange Sache, sich an sowas zu gewöhnen.«

Sie kocht einen starken Kaffee. Wir stehen in der Küche des sonst menschenleeren Hauses und ich habe das Gefühl, Heidrun Farthmann ist in diesem Moment froh, allein zu sein und ernst genommen zu werden, ohne daß er dabei ist.

»Vorsicht«, warnt sie und zieht mich von einem roten Knopf neben der Tür zurück. »Wenn Sie da versehentlich draufdrücken, kommt sofort die Polizei.« Obgleich mit Tesa verklebt, ist die Alarmanlage immer noch intakt.

Siebzehn Jahre lebte sie hier mit ihrem Mann und bis vor kurzem auch mit ihren Töchtern Claudia und Birgit »im Loch« des Hausfrauendaseins: »Die Rolle der Politikerfrau geht manchmal schon bis zur Selbstaufgabe. Wenn eine Frau das nicht kann, dann wird's auch nicht klappen.«

Als die älteste Tochter flügge wurde, die kleinere dabei war, aus dem Haus zu gehen, wurde ihr 1980 klar, daß ihr Leben ohne Inhalt sein würde. So entschloß sie sich, das Abitur nachzuholen. Ihr Mann hatte nichts dagegen, seine Partei hatte schließlich »Emanzipation« auf ihre Fahne geschrieben, obgleich die Familie für ihn immer ein Ort des Rückzuges war. Das muß wohl schon in der Kindheit des Mannes, der von Frauen erzogen worden ist, ganz ähnlich gewesen sein. Als Heidrun fünfzehn war, lernten sich beide kennen. Mit zwanzig Jahren wurde das junge Mädchen von dem frischgebakkenen Doktor der Rechte geheiratet. »Mein Mann«, sagt sie, »hat sozusagen den zweiten Teil meiner Erziehung übernommen. Es gab viele Sachen, die von den Eltern in die Ehe übergingen. Ich hatte als Mädchen zum Beispiel ganz lange Haare und wollte sie mir eigentlich abschneiden. Aber mein Vater war dagegen. Also blieben sie dran. Mein Mann wollte das auch. Ohne Unterbrechung wurde vieles einfach fortgesetzt.«

Sie erzählt das, und ich sehe, während sie das erzählt, zum ersten Male bewußt ihre Kurzhaarfrisur: ganz unübersehbar ein Ausdruck ihres neuen Selbstbewußtseins.

Von Friedhelm Farthmann, Jahrgang 1930, ehemals Minister, jetzt Fraktionsvorsitzender der SPD im Düsseldorfer Landtag, will ich wissen, was er seiner Frau in seiner langen politischen Karriere verdankt. »Wenn ich zurückdenke, ist eigentlich gar keine Alternative vorstellbar. Meine Frau ist, glaube ich, eine wichtige Abstützung meiner Karriere gewesen.« Und dann redet er von der »großen Gefahr« für einen Politiker, nämlich, der Gefahr »der Selbstbespiegelung und des Egozentrischen, auch der Empfindlichkeit, aber eben nur sich selbst, nicht der Not und dem Leiden anderer gegenüber«. Er gesteht, daß er auch immer gern Macht ausgeübt hat. »Macht ist sogar wie eine Droge. Und als ich mein Ministeramt abgegeben hatte, habe ich zeitweise richtig Entzugserscheinungen gehabt. Der Wunsch nach öffentlicher Anerkennung«, sagt er, »das kann schon drogenähnliche Wirkung haben.«

Der Mann ist von erstaunlicher Offenheit, denke ich. Aber Farthmann war immer schon anders als die anderen, viel lockerer, direkter. Nun, da politische Ambitionen sich nicht erfüllten, er weder Ministerpräsident noch Minister in Bonn werden konnte, erscheint er wie jemand, der sich nicht mehr fürchtet, etwas in der Öffenlichkeit zu verlieren.

Ich frage ihn: »Welche Rolle spielt Liebe in Ihrem Leben?« Der sonst so eloquente Mann überlegt, fällt eigentlich in eine quälend lange Phase des Sinnierens und sagt schließlich: »Ich weiß eigentlich nicht, was ich da Öffentlichkeitsrelevantes sagen soll.«

Eine der beiden Töchter, angestellt bei der »Lufthansa« und gerade im Begriff, sich scheiden zu lassen, lacht, als sie die spürbaren Veränderungen ihrer Mutter lobt. Sie sei jetzt »offener« geworden. Eine richtig gute Freundin, mit der sie alles, auch Schwieriges besprechen könne. »Mit Vater ist das niemals der Fall gewesen und auch heute eigentlich gar nicht denkbar. Wir sehen uns gelegentlich und sprechen dann über das Notwendigste.«

Für den Vater war es eine herbe Enttäuschung, als die Töchter ihm gestanden, sie hätten ihr Leben lang ihn, den Vater, vermißt. »Ich muß sagen, mich hat das eigentlich schockiert, als ich so etwas das erste Mal von ihnen hörte. Ich habe das eigentlich nie so empfunden, aber es mag durchaus sein, daß man da eben auch betriebsblind wird, nur an sich denkt. Das ist ja überhaupt eine furchtbare Gefahr für Menschen, die ständig — fast hätte ich gesagt — im Mittelpunkt stehen. Das macht einen ja furchtbar egozentrisch. Und man muß immerzu darum kämpfen, daß man sich nicht nur mit sich selbst beschäftigt.«

Wenn Heidrun Farthmann auf die vergangenen Jahre zurückblickt, fällt ihr auf: »Ich habe mein Bestreben immer darin gesehen, alles funktionierend zu machen. Das hat ihn natürlich von vielem entlastet. Ich weiß nicht, ob das immer richtig war. Ich habe ihn ja in seinem Anspruch nach Ruhe zu Hause immer unterstützt, auch gegenüber den Kindern, so daß die niemals gesagt haben: ›Wir sind auch noch da und möchten jetzt dies oder das machen.‹ Ich weiß nicht, ob es immer so gut war, daß er sich so sicher sein konnte, daß immer alles funktioniert.«

»Für Sie oder auch für Ihren Mann?« will ich wissen.

»Für alle. Denn das hätte ihm ja vielleicht doch so ein bißchen mehr seine Verantwortung bewußt gemacht.«

Er antwortet mir auf die Frage, ob er sein Leben ganz anders gestalten würde, hätte er dazu noch einmal Gelegenheit: »Ich habe meine Arbeit mit großem Engagement gemacht. Aber ich würde versuchen, ein bißchen mehr Distanz zum Amt, zur Sache, zur Politik zu haben. Das Allerschlimmste ist, wenn man sich unter eigene Zwänge setzt und nicht mehr die Distanz zu sich selbst hat, auch nicht mehr die Zweifel an sich selbst. Zweifel auch an dem, was man tut. Wenn man sich damit nicht mehr auseinandersetzt, dann geht es, glaube ich, ganz schnell bergab.«

Nachdem wir unsere Dreharbeiten bei den Farthmanns abgeschlossen hatten und während ich das Filmmaterial im Schneideraum sichte und höre, denke ich, daß die beiden in der politischen Szene wirklich eine Seltenheit sind. Sie haben nicht den leisesten Versuch gemacht, sich in Positur zu setzen, eine Familienidylle vorzugaukeln oder mit dem Blick auf Wählerstimmen publikumswirksam zu schauspielern.

So etwas ist so rar, daß selbst Tochter Claudia es nicht glauben mochte. Sie fragte mich, wie denn dieses Filmportrait zustande gekommen sei. Ob nicht »Johannes« (sie meinte den NRW-Ministerpräsidenten) dafür gesorgt habe, »daß Vater ins Fernsehen kommt, da doch der Blüm jetzt in Nordrhein-Westfalen aufgebaut wird.«

Nein, ich versichere es hiermit, das hat er nicht.

Jeanne Hingsen

von Almuth Pöhner

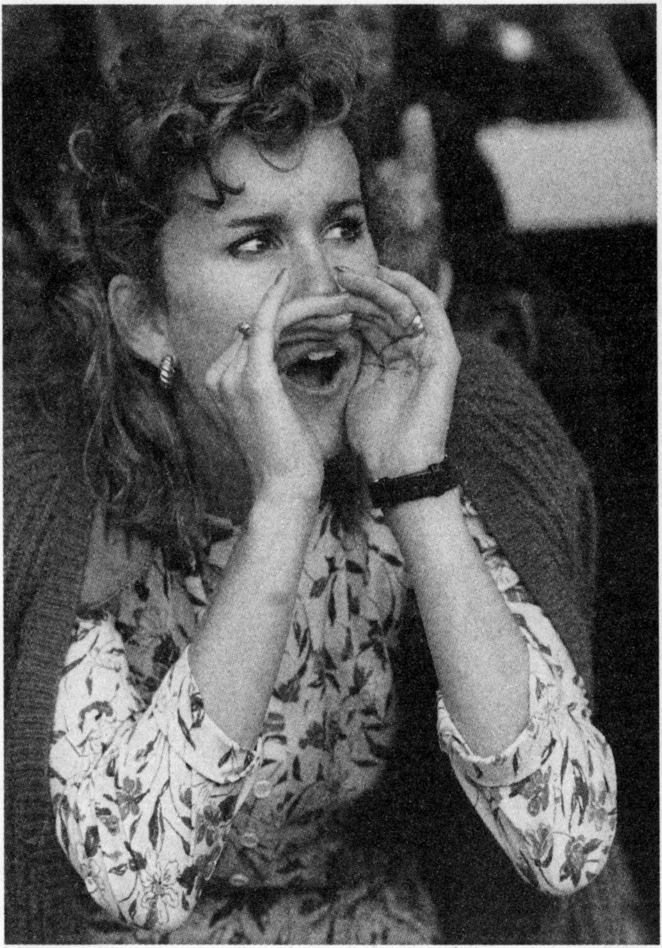

Jeanne Hingsen, *geb. Purcell, aus Santa Barbara, Kalifornien, 24 Jahre alt, ist seit 1983 mit dem Zehnkämpfer Jürgen Hingsen (29) verheiratet.*
Im Februar 1987 wurde ihre Tochter Jaqueline geboren.
Jeanne Hingsen ist Hausfrau, arbeitet daneben als Moderatorin für ein Fernseh-Programm der Deutschen Welle in englischer Sprache.

Almuth Pöhner sprach mit Jeanne Hingsen im August 1987. Schlagzeile im Kölner Express vom Dezember 1987: »Hingsen: Das Ende einer Traumehe — Jürgen und Jeannie vor den Scherben ihres Glücks.«
Das Leben an der Seite eines Hochleistungssportlers, das Jeanne Hingsen einst so faszinierte, veranlaßte sie jetzt zur Trennung.
Jeanne — laut Express: »Ich habe eingesehen, daß Hochleistungssportler nicht heiraten dürfen. Der Streß ist mit den Sorgen um die Familie nicht vereinbar. Und da ist es besser, die Koffer zu packen als zu leiden.«

»Wenn ich was haben will, dann kriege ich das meistens.« In keinem Moment meines Gesprächs mit Jeanne Hingsen kam es mir in den Sinn, an dieser Aussage zu zweifeln. Von der äußeren Erscheinung eher klein, zart und zerbrechlich, entpuppt sie sich als Energiebündel, das über alle Schwierigkeiten hinweg erreicht, was es sich in den Kopf gesetzt hat.

Unbedingt haben wollte sie auch Jürgen Hingsen. Für sie stand das bereits nach der ersten Begegnung fest. Das war 1982 in Santa Barbara, Kalifornien — ihrer Heimatstadt. Der Zehnkämpfer aus Duisburg befand sich dort im Trainingscamp, um sich auf die Olympischen Spiele 1984 in Los Angeles vorzubereiten. Jeanne, damals neunzehn Jahre alt, hatte sich mit einer Freundin in eine Discothek geschmuggelt — in den USA ist ein Besuch dort erst ab einundzwanzig erlaubt — und wollte gerade gehen, als sie ihren Traummann an der Theke entdeckte. Mit seiner Körpergröße von zwei Metern, Cowboyhut, Nappalederhose und Cowboystiefeln war er auch kaum zu übersehen, und er hat ihr mächtig imponiert.

»Ich bin dann einmal an ihm vorbeigegangen zur Toilette, um ihn mir näher anzuschauen. Habe mich dann wieder hingesetzt, und wir haben so ein bißchen Augenkontakt gemacht. Dann bin ich nochmals an ihm vorbeigegangen, und eine Freundin, die ich dort zufällig traf, fragte mich, ob ich denn den großen, tollen Mann gesehen hätte. Ja, hab ich gesagt, der ist mit uns heute abend hier verabredet. Ich hab also sofort meinen festen Griff da angelegt und ihn dann auch an unseren Tisch eingeladen.«

Seit dieser ersten Begegnung wußte Jeanne, daß sie ihn heiraten wollte. »Von dem Tag an habe ich daran gearbeitet.« Zunächst mußte die Familie von ihrer Wahl überzeugt werden. Da war zum Beispiel die irische Großmutter, die wegen der Erfahrungen des 2. Weltkrieges nicht gerade begeistert war, einen Deutschen in die Familie aufzunehmen. Der »anständige gute Junge« aus Duisburg überzeugte nicht zuletzt deshalb, weil er katholisch ist, »weil das für meine Familie schon zählt, wir sind ziemlich katholisch.«

Was war an Jürgen Hingsen so anders, daß sie für ihn auch sofort ihre Liaison mit ihrem amerikanischen Freund beendete?

»Der Jürgen hat eine gewisse Unbekümmertheit, eine positive Ausstrahlung, was der typische amerikanische junge Mann nicht hat. Wenn die mit achtzehn das College oder die High-School verlassen, denken sie vorwiegend daran, wie sie im Berufsleben erfolgreich werden können. Sie sagen, es ist toll, eine Freundin oder Frau zu haben. Aber ich möchte doch sehen, daß ich gut Geld verdiene oder daß ich mich mit meinen Freunden weiterhin an den Wochenenden treffen kann. Oder: mein Sport ist noch wichtiger. Aber der Jürgen hat mir das Gefühl vermittelt, daß ich ein wichtiger, positiver Teil seines Lebens sein könnte, daß ich genau in sein Leben reinpassen würde. Der Jürgen konnte auch richtig herzlich lachen. Die Jungens, die ich bis dahin kennengelernt hatte, die mußten immer auf ein gewisses Image aufpassen. Entweder Macho-Image oder: Männer weinen nicht. Mein letzter Freund zum Beispiel, der war immer auf sein Image bedacht, daß er stark ist, eben ein Mann. Jürgen hat das einfach nicht nötig, der war lustig, voller Lebensfreude. Er war genauso bereit, über einen traurigen Kinofilm zu weinen wie ich und mußte mir und sich nichts vorspielen.

Außerdem hatte er ein großes Ziel, für das er schwer gearbeitet hat: das gute Abschneiden bei den Olympischen Spielen 1984.«

Allein nach Europa zurückgekehrt, war Jürgen Hingsen so »liebeskrank«, daß er kaum richtig trainieren konnte. Früh erkannte sein Trainer, daß Jeanne für Jürgen das beste Doping sein könnte und riet seinem Schützling, sie nachkommen zu lassen. Jeanne brauchte nicht lange zu überlegen — sie brach ihre Ausbildung ab, kündigte ihren Job, verkaufte ihr Auto, kratzte ihre Ersparnisse zusammen und wagte den Sprung übers kalte Wasser.

»Da hab ich einfach meinen Eltern gesagt, mit neunzehn, ich fahre jetzt nach Deutschland. Ich bin vielleicht einmal vorher alleine weggefahren, aber schon gar nicht außerhalb der USA. Meine Eltern haben eigentlich ziemlich gelassen reagiert. Die hatten wohl gemerkt, daß ich so verliebt war, daß sie daran sowieso nichts ändern konnten. Trotzdem, wenn ich mir das jetzt überlege, wenn meine Tochter mir mit neunzehn sagen würde, ich fahr irgendwohin, da würde ich mir schon große Gedanken machen. Aber ich bin ja auch von meinen Eltern so erzogen worden, wenn es mir irgendwo nicht paßt, dann geh ich einfach.«

Der Trainer sollte recht behalten. Im August 1982, wenige Monate nach Jeannes Ankunft in Europa, stellte Jürgen Hingsen in Ulm einen neuen Weltrekord im Zehnkampf auf und konnte sich nun »König der Athleten« nennen.

»Wenn ich der König bin, dann ist sie die Königin«, beschreibt Jürgen Hingsen Jeannes Anteil an seinem Erfolg, den jeder im Stadion unübersehbar verfolgen konnte: mit Küssen, Händchenhalten, Anfeuerungsrufen stachelte sie ihn immer wieder zu Höchstleistungen an, ein gefundenes Fressen für die Kameras der Fernsehanstalten und Fotografen. Das hat ihr vor allem in Leichtathletikkreisen nicht nur Freunde eingebracht. Viele vermuteten dahinter eine eigene Personality-Show.

»Klar, ich habe geschrien wie eine Wahnsinnige auf der Tribüne, und alle Deutschen haben mich angeschaut und gedacht, was ist das für eine verrückte Nudel. Das hat mich nicht gestört, weil ich das so gewöhnt bin. Ich war auch in der Schule schon so ein »Cheerleader« — so ein »Anfeuerungs-Mädchen«. Das war für mich eine Selbstverständlichkeit. Er war mein Freund, und deshalb hatte ich das Recht, für ihn zu schreien. Ich wünsche mir, daß die Leute hier einmal mit mir nach Amerika reisen würden und ein kleines Schulfest anschauen, wie die Eltern, die Bekannten, die Nachbarn die Kinder anfeuern. Dann würden die sehen, daß alle dort so reagieren.«

Selbstverständlich hat sie den Rummel, der auch um ihre Person nun einsetzte, genossen. »Ich war geradezu verliebt in die Situation.« Um so schwieriger war es auch für beide, mit den Niederlagen fertig zu werden, die Jürgen Hingsen gegen seinen größten Rivalen, den Briten Daley Thompson in der Folgezeit immer wieder einstecken mußte, zuletzt auf der Olympiade in Los Angeles, wo Hingsen sich mit der Silbermedaille zufrieden geben mußte.

Erst nach zwei Jahren intensivsten Zusammenseins, beim Problem, diese empfindlichen Niederlagen zu verarbeiten, der unendlichen Enttäuschung über das Versagen in einer Situation, auf die beide über mehrere Jahre hingelebt hatten, da erst stellte sich heraus, daß sie sich eigentlich gar nicht kannten, sehr wenig voneinander wußten.

»Man muß sich vorstellen, als wir uns kennenlernten, konnten wir uns ja gar nicht richtig miteinander unterhalten. Ich konnte kein Wort Deutsch, und er mit seinem Schulenglisch. Wir haben uns sehr sehr viel geküßt am Anfang, und wir waren körperlich sehr begeistert voneinander, aber über bedeutende Fragen, über das Leben und unsere Vor-

stellungen darüber konnten wir uns ja gar nicht verständigen.

Alles war so oberflächlich, und wir waren so beschäftigt mit dem Reisen, daß wir gar nicht dazu kamen, uns richtig kennenzulernen. Und dann die Presse: kaum war ich hier, waren wir schon das Traumpaar. Klar, wir waren verliebt ineinander, aber bevor wir uns selbst über unsere Gefühle im klaren waren, waren wir schon in den Himmel gehoben. Nach einem Jahr, eineinhalb Jahren, als man mit mir ein richtiges Gespräch in Deutsch führen konnte, da waren wir schon im Alltag einer Partnerschaft.«

Einer Partnerschaft in der Krise.

»Ich hatte einen sogenannten Prinzenkomplex. Der Jürgen war für mich der perfekte Ehemann, der war erfolgreich im Sport, der hat gut ausgesehen. Und als er dieses Image nicht total erfüllen konnte, war ich sehr enttäuscht.«

Dabei war es gar nicht der Mißerfolg im Sport, der Jeanne so enttäuscht hatte, ganz im Gegenteil. Es war der Erfolg und Jürgens Reaktion darauf. »Daß er so unreif damit umging, so wenig gelassen — nicht ›gentleman-like‹. Heute hat er Gott sei Dank das ewige Schulterklopfen auch von vielen falschen Freunden nicht mehr nötig.«

Über seine Mißerfolge war sie nie enttäuscht. »Mir war das völlig egal, ob er gewonnen hatte. Ich war schon stolz, daß ich überhaupt mit einem olympischen Athleten zusammen war. Aber er hatte Angst, daß ich von ihm enttäuscht würde. Für ihn war seine größte Sorge nach der Olympiade, was wird Jeanne über mich denken, wird sie mich verlassen? Jetzt liebt sie mich nicht mehr.«

Ein Mißverständnis — heute ausgeräumt wie auch die unerfüllbaren Erwartungen von Jürgen an Jeanne. »Der Jürgen war enttäuscht, daß ich nicht so wie eine deutsche Frau war, zurückhaltender, nicht immer so spontan. Das hat er zwar an mir sehr geschätzt; auf der anderen Seite war es ihm vielleicht doch zu viel. Ich war am Anfang sicherlich auch eine Enttäuschung für Jürgen, was die hausfrauliche Seite betrifft.«

In einer wohlhabenden kalifornischen Familie aufgewachsen, mit Kindermädchen und Putzfrau, wußte Jeanne nicht einmal, »wie man einen Herd anmacht, um Kaffeewasser zu kochen«, geschweige denn, wie man ein Hemd bügelt.

»Seine Mutter ist eine perfekte Hausfrau, und als Mann wünscht man sich, daß die Frau vielleicht doch was von der Mutter hat. Und dann kam ich an und hab gesagt, komm, wir gehen beide einkaufen, du tust deine Sachen weg und dann machst du selbst deine Wäsche. Schließlich hast du genauso wie ich zwei Arme und Beine. Das war für ihn totales Neuland.«

Aber die Hausfrauenrolle hat sie jetzt doch akzeptiert?

»Aus Notwendigkeit. Ich habe gesehen, daß er vom Training kaputt nach Hause kam und ich Zeit hatte, denn ich habe hier nichts getan, keinen Beruf ausgeübt, nicht studiert, so daß sich diese Rolle irgendwie eingespielt hat. Inzwischen habe ich auch einen gewissen Stolz entwickelt. Ich kann jetzt toll Hemden bügeln. Und ich bin stolz, wenn ich zehn oder zwanzig Hemden perfekt gebügelt habe, und dann liegen die im Schrank, und dann gucke ich und denke, Mensch, sind die perfekt, toll, wie du das gemacht hast. Ich habe was Neues gelernt, und weil ich Spaß daran habe, macht es mir nichts aus.

Kochen ist nicht gerade mein größter Spaß. Ich habe schon so große Katastrophen erlebt, daß Jürgen auch manchmal froh ist, wenn ich nicht koche. Mit Gulasch darf ich gar nicht erst anfangen.«

Auch heute, wo Jeanne als Moderatorin für ein Fernsehprogramm der Deutschen Welle arbeitet, hat sich an dieser Rollenverteilung nichts geändert. Der Ehemann macht keine Hausarbeit — »rein gar nichts«. — Als Einzelkind von seiner Mutter verwöhnt, muß sich auch noch heute alles um ihn drehen. Unter den Zehnkämpfern kein Einzelfall. Auffallend die Zahl der Einzelkinder unter ihnen: so auch Daley Thompson, Hingsens größter Rivale, ebenso wie die deutschen Ex-Weltrekordler Kurt Bendlin oder Guido Kratschmer. Gemeinsam ist ihnen, daß sie meistens ausgesprochene Egoisten sind, die die ganze Umgebung für ihre Zwecke einspannen. Auch Jeanne hat diese Erfahrung gemacht, aber andererseits weiß sie, daß es ohne diesen Egoismus nicht möglich wäre, in seiner Sportart eine Leistung zu bringen. Deshalb akzeptiert sie auch ihre Rolle als Hausfrau, betont aber gleichzeitig, daß sie niemals nur Hausfrau und Mutter sein könnte.

»Ich muß mich geistig auch entwickeln, damit ich meinen Kindern auch was anbieten kann. Wenn ich nur zu Hause sitze und selbst nicht weiterkomme, dann kann ich nicht die beste Mutter sein. Für mich zählt nicht, ob eine Mutter jeden Tag da ist. Ich hab jetzt auch eine Kinderfrau, die paßt morgens auf das Baby auf, so daß ich weiterhin Sachen für mich selbst erledigen kann. Manchmal möchte ich einfach für mich allein sein. Ich finde das wichtig, und ich denke, daß ich deswegen keine schlechte Mutter bin.«

Am liebsten würde sie, wenn ihre Deutschkenntnisse noch besser geworden sind, Geologie studieren. Das hat Jeanne, die aus einem der am meisten erdbebengefährdeten Gebiete der Welt kommt, schon immer interessiert.

Was fällt ihr im Zusammenhang mit dem Wort Emanzipation ein?

»Ich bin nicht emanzipiert, in keinem Fall. Ich erwarte hundertprozentigen Respekt von Männern den Frauen gegenüber. Ich habe Jürgen verschiedene Sachen beigebracht, zum Beispiel, daß die Tür für mich geöffnet wird. Nicht weil ich ein Snob bin. Ich bin sehr gerne eine Frau, ich ziehe mich gern weiblich an.«

Und ihre Familie habe sie erzogen, stolz auf sich selbst, sehr selbstbewußt zu sein.

»Ich finde, wenn man dieses Gefühl und diesen Stolz auf sich selbst hat, dann kann man auch erwarten, daß Leute einen mit Respekt behandeln. Wenn man ein schlechtes Selbstbewußtsein hat, dann wird man auch schlecht behandelt.

Ja, und mit der Emanzipation. Das heißt ja wohl, daß Frauen gleich sind. Ich bin ein Mensch, genauso wie Jürgen, und ich kann genauso sagen, was ich will. Ich laß mich auch nicht unterdrücken, finde nicht, daß Männer mehr Rechte haben, was zu sagen.

Aber durch diese Zeit hier in Deutschland habe ich die weibliche Rolle mehr ausgefüllt als sonst. Ich bin halt die Hausfrau zu Hause, und er ist der Brotverdiener. Ich bin nicht so, daß ich das auf jeder Ebene erwarte, daß man gleich ist. Wir sind gleich wertvoll als Person, aber die Rollen sind andere.«

Ist diese Rolle nicht manchmal langweilig?

Nein, Langeweile kennt Jeanne nicht. Nicht zuletzt auch durch die Betreuung der sechs Monate alten Tochter Jaqueline hat sie genug zu tun. Worunter sie leidet, das ist die Einsamkeit. Bisher ist es ihr hier nicht gelungen, richtige Freunde zu finden.

»Obwohl ich gut mit Jürgen klarkomme, möchte man doch seinen Kreis für sich selbst. Der Jürgen hat seine Freunde teilweise schon aus der Kindheit, seine Kollegen aus der Leichtathletik. Und ich habe keine Person, an die ich mich in einer Notsituation wenden kann. Meine beste Freundin wohnt in Kalifornien, ich fühle mich sehr verbunden mit meiner jüngeren Schwester. Aber da ist die Entfernung. Und da habe ich manchmal Tage, wo ich sauer bin, weil ich mit keinem Menschen reden kann.

Ich habe ein sehr gutes Verhältnis zu meiner Schwiegermutter, mit der ich über alles sprechen kann, auch über Probleme mit dem Jürgen, was man ja normalerweise nicht kann. Denn für ein Einzelkind, gerade für einen Sohn, ist das Verhältnis zur Mutter heilig, man kann das meistens nicht stören.«

Vielleicht sei sie aber auch zu anspruchsvoll. Sie mag kein oberflächliches Geplänkel, was ihr bei manchen den Ruf eingebracht hat, arrogant zu sein. Sie hat auch die Erfahrung gemacht, daß viele Menschen gar nicht an ihrer Person interessiert sind, sondern daran, mit ihr und Jürgen gesehen zu werden und Aufmerksamkeit zu erregen.

So sehr sie die Popularität am Anfang genossen hat, so sehr findet sie den Ruhm jetzt lästig. Er engt ihren Freiraum ein, verlangt Verhaltensweisen, Entscheidung, die sie als eine unbekannte Person so nicht immer treffen würde.

»In verschiedenen Situationen, wo wir uns vielleicht getrennt hätten, haben wir das nicht getan, weil wir wußten, daß die Presse uns — oder vielmehr Jürgen, mir war das egal — kaputtmachen würde. Wenn ich von ihm weg wäre, würden die sagen, war der Jürgen zu oft in der Discothek, oder war die Jeanne eine schlechte Hausfrau? Oder — was weiß ich — eine böse Hexe? Und man überlegt sich das dann. Bevor wir dieses Theater anfangen, sollten wir versuchen, weiterhin miteinander klarzukommen. Das hat uns also ein bißchen geschützt vor der Trennung. Außerdem, es ist leicht aufzugeben, das kann jeder. Aber ich bin ein Kämpfertyp. Und man muß sehen, möchte man mit dieser Person in zehn Jahren immer noch aufwachen oder in fünfundzwanzig. Und ich habe die Überzeugung, daß ich das möchte.«

Heute führen sie ein ruhiges, geregeltes Familienleben in ihrem gerade fertig gestellten Haus in Krefeld. Die Abende verbringen sie meistens vorm Fernseher oder beim Schachspiel — zum Abschalten vom Sport. »Vor allem, damit *ich* abschalte von seinem Sport.«

Durch die häufige Anwesenheit beim Training hat Jeanne Hingsen so viel über Zehnkampf gelernt, daß sie sich quasi zum zweiten Trainer entwickelte und mit guten Ratschlägen, dies und das anders, besser zu machen, nicht sparte. Häufiger Anlaß zum Streit, weil der Zehnkämpfer zu Hause nicht auch noch von der Ehefrau gesagt bekommen wollte, wie er richtig weitspringen soll.

Fünf Jahre sind es jetzt her, daß Jeanne Purcell, verheiratete Hingsen, ihrem Traummann begegnete, beide als Traumpaar gefeiert wurden. Viele der Träume sind zerronnen, der Märchenprinz hat sich nicht gerade als Frosch entpuppt, aber von seinem Thron als König der Athleten wurde er immer wieder vertrieben. Daß die Vertreibung aus dem siebten Himmel der ersten Verliebtheit auf den harten Boden irdischen Ehealltags keine Bruchlandung wurde, dafür hat Jeanne Hingsen einige Kompromisse geschlossen. Offensichtlich geht es ihr nicht nur darum, zu bekommen was sie will, sie will es dann auch unbedingt behalten.

Hannelore Kohl

von Heribert Schwan

Hannelore Kohl, *54, ist seit 27 Jahren mit Dr. Helmut Kohl verheiratet, dem derzeitigen Bundeskanzler. Sie haben zwei Söhne.*
Im Mittelpunkt ihrer zahlreichen Verpflichtungen steht die Arbeit für das Kuratorium ZNS für Unfallverletzte mit Schäden des zentralen Nervensystems e. V., dessen Präsidentin sie seit 1983 ist.

Donnerstag, 15. Oktober 1987: Erste Opern-Gala am Rhein — eine Veranstaltung, wie man sie in der Bundeshauptstadt Bonn noch nicht erlebte. Jean-Claude Riber, Generalintendant der Oper Bonn, begrüßt rund 900 Gäste. Das ungewöhnliche Fest im Großen Haus des Theaters unter der Schirmherrschaft von Bundeskanzler Helmut Kohl dient einem guten Zweck: Geldmittel für die Initiative Lebensmut zu beschaffen, um dem Kuratorium ZNS für Unfallverletzte mit Schäden des Zentralen Nervensystems e. V. zu helfen. Kanzlergattin Hannelore Kohl, seit 1983 Präsidentin des Kuratoriums, genießt sichtlich den populären Querschnitt durch die Opernwelt. Stehend applaudiert sie am Ende den Künstlern.

Die Gäste hatten zum Preis ihrer Eintrittskarte von 88,- DM noch 150,- DM an Spende zu entrichten. Hannelore Kohl — in wadenlanger, seitlich geraffter Pailettenrobe — blieb bis zuletzt, plauderte engagiert mit Gästen und Künstlern. Die Opern-Gala brachte insgesamt einen Gewinn von mehr als 100 000,- DM.

Seit 1983 reist Hannelore Kohl durch unsere Republik und nach Berlin. Ihr Terminkalender ist voll mit Veranstaltungen für das Kuratorium ZNS. Sie hält Vorträge, kassiert Spenden, sammelt Geld für schwerkranke Patienten auf großen und kleinen Veranstaltungen. 1985 zeichnete sie der Burda-Verlag mit dem Ehrenbambi aus. Die ZNS-Präsidentin empfing den Preis bei einem Gala-Empfang in München stellvertretend für die vielen freiwilligen Helfer, für die vielen Spender. Und immer wieder versucht sie, Menschen für ihre Arbeit zu gewinnen, für ihr soziales Engagement zu begeistern.

Wenige Monate später vermarktete Hannelore

Kohl ihren Ehrenbambi zugunsten der Unfallopfer mit Schäden des Zentralen Nervensystems. Alles was Rang, Geld und Namen hatte, lud sie nach Bonn in die Beethoven-Halle ein. Und alle, alle kamen. Auch diese Gäste mußte sie zunächst einmal von ihrer Arbeit überzeugen, ihnen klarmachen, welche Last es bedeutet, mit langandauernden schweren Hirnschädigungen weiterleben zu müssen. Ob Spitzensportler, Spitzenpolitiker, Diplomat, Wirtschaftskapitän, ob Filmsternchen oder Klamauknudel: Bei der Versteigerung boten sie und überboten sich. Am Ende ersteigerte die Kanzlergattin für den Ehrenbambi eine Summe von 420 000,- DM. Auch diesmal zeigte die in Bonn oft unterschätzte Politikerfrau, welche Fähigkeiten sie als Conférencier besitzt und mit welchen Pfunden sie wuchern kann.

Geld brachte auch eine andere Idee: Im Dezember 1985 gab Hannelore Kohl ein Kochbuch heraus mit dem Titel »Was Journalisten anrichten«. Dieses humorvolle Bilder- und Rezeptbuch mit einer Vielzahl von kulinarischen Anregungen aus den Federn bekannter bundesdeutscher Journalisten brachte bisher für das Kuratorium ZNS einen Reinerlös von über 300 000,- DM.

Als Dank für ihre Arbeit lud Hannelore Kohl im Dezember 1986 alle Frankfurter ZNS-Helfer zu einem Weihnachtskonzert in die Alte Oper ein. Auch dieser öffentlichkeitswirksame Auftritt brachte der ZNS-Präsidentin neue Förderer und Mitarbeiter, neue Spender und mehr Geld ein und eine der vielen Schallplatten, deren Verkaufspreis auch einen Spendenanteil für das Kuratorium ZNS enthält.

Hannelore Kohl hält Hilfe immer für erforderlich.

»Jährlich tragen etwa 20 000 Menschen in der Bundesrepublik Deutschland Dauerschäden nach Schädel-Hirnverletzungen davon. Täglich kommen somit ca. 50 Personen hinzu. Unfälle mit Kopfverletzungen ereignen sich überall: im Straßenverkehr, am Arbeitsplatz, im Haushalt oder bei der Ausübung des Sports. Der Unfall kennt nur das Opfer. Trotz aller Gesetze, Unfallverhütungsmaßnahmen und Vorsicht kann morgen jeder selbst Betroffener sein, der auf die Hilfe der Solidargemeinschaft hofft.«

Seit 1971 engagiert sich Hannelore Kohl für Hirnverletzte. Damals übernahm sie die Schirmherrschaft über das Walter-Poppelreuter-Haus in Vallendar, eines von fünf Zentren des Bundes Deutscher Hirnbeschädigter (BDH).

Seit 1983 hat sie ihre Tätigkeit auf das gesamte Bundesgebiet ausgedehnt.

Die Kanzlergattin versteht viel von Unfallhilfe, von Rehabilitation. Fachärzte sind immer wieder erstaunt, wieviel die ZNS-Präsidentin weiß, wie sie, medizinischer Laie, Fachprobleme angeht.

Ohne sie würde nichts gehen, ohne sie wäre es nicht möglich gewesen, für das Kuratorium ZNS seit seiner Gründung 1983 soviel Geld zusammenzubringen. Bisher übergab das Kuratorium an 26 Kliniken diagnostische und therapeutische Geräte — vom Hirndruck-Meßgerät bis zu Kleinbussen — im Wert von insgesamt 3,1 Millionen Mark. Initiiert und mitfinanziert wird auch ein Modellversuch »Computer helfen heilen« in Hessisch-Oldendorf. Computer werden hier bei der Schulung des Wahrnehmungs- und Konzentrationsvermögens der Verletzten eingesetzt — eine technische Glanzleistung in

Zusammenarbeit mit der Firma Nixdorf. Die bisher größte Summe, 1,4 Millionen Mark, ging bisher an die Neurologische Klinik Braunfels an der Lahn zum Ausbau einer Station mit acht Betten für Patienten mit apallischem Durchgangssyndrom. Hier können Patienten behandelt werden, die — laienhaft ausgedrückt — in einem wachen Koma liegen und bei denen die biochemische und elektrische Versorgung des Gehirns vorübergehend ausgefallen ist.

Hannelore Kohl: »Wesentlich wird der Heilungsverlauf jedoch auch durch die Motivation des Patienten beeinflußt. Deshalb macht das Kuratorium ZNS auf die Schwierigkeiten und Probleme gerade der hirnverletzten Mitmenschen aufmerksam. Es wirbt um Verständnis und Hilfsbereitschaft für diesen Personenkreis. Betroffenheit und Mitleid muß umgesetzt werden in aktive Hilfe. Jeder einzelne kann durch seinen Beitrag helfen, den hirnverletzten Mitbürgern neuen Lebensmut zu vermitteln.«

Bei mehr als 2000 Anfragen von Betroffenen oder deren Angehörigen wurde beratend geholfen. Rehabilitationsplätze sind gefragt. Über die Vermittlungsstelle des Kuratoriums ZNS konnten schon mehr als 1000 Rehabilitationsplätze vermittelt werden.

Über zwei Jahre lang habe ich Hannelore Kohl mit Unterbrechungen mit Kamera und Mikrofon begleitet. Es dauerte ein gutes Jahr, bis sie Vertrauen zu mir hatte. Ich erlebte Hannelore Kohl bei Besuchen in Altenheimen und Waisenhäusern, bei Schülerdiskussionen und zahlreichen Veranstaltungen als Gastgeberin im Kanzlerbungalow, angefangen vom Empfang für Ehefrauen neuakkreditierter Botschafter, über das Gespräch mit jungen Künstlern bis hin zum Treffen mit Wehrpflichtigen oder Angehörigen von Hilfsorganisationen des Rettungswesens.

Ich erlebte sie in ihrer Rolle als Kanzlergattin in Bonn und bei Auslandsreisen. Hierauf bereitet sie sich übrigens sehr genau vor, äußert oft Wünsche für das »Damenprogramm«.

Viel Freizeit hat Hannelore Kohl nicht. Höchst selten genießt sie den herrlichen Garten des Kanzlerbungalows. Zu Hause im eigenen Bungalow in Ludwigshafen-Oggersheim ist sie fast nur noch an Wochenenden, an Feiertagen.

Hannelore Kohl ist am 7. März 1933 geboren. Daten fallen, sie spricht leise, konzentriert. Manchmal spürt der Zuhörer, daß sie sich gefordert, ja geschunden hat; sie vor allem hat die beiden Kinder großgezogen; gab ihrem Mann Heim, Treue, Zugehörigkeit. Helmut Kohl sagt von ihr: »Sie ist absolut zuverlässig, und ohne ihre Charakterstärke wäre unser gemeinsamer Weg nicht möglich gewesen.« Auch Kälte und Einsamkeit hat sie erfahren. Die Isolation der Politikerfrauen. Hannelore Renners Großeltern stammen mütterlicherseits aus Bremen, väterlicherseits aus Mutterstadt bei Ludwigshafen. Ihr pfälzischer Großvater besaß eine Dreschmaschine, mit der er Bauern das Getreide drosch. Später eröffnete er eine Landmaschinen- und Motorradreparaturwerkstatt. Sein ältester Sohn, Wilhelm, Hannelores Vater, wurde 1890 geboren. Nach der Realschule besuchte er eine Ingenieurschule und ging als Entwicklungsingenieur zu AEG-Telefunken nach Berlin. 1929 heiratete er die zweiunddreißigjährige Bremerin Irene Merling.

1933 wurde ihr erstes und einziges Kind Hannelore geboren. Ein Jahr später zogen die Renners von Berlin-Schöneberg nach Leipzig. Der 44jährige Ingenieur arbeitete dort bei der Hugo Schneider AG. Das rund 15 000 Mann starke Unternehmen stellte Lampen her. Bekannt wurde die Firma durch die Produktion von Sturmlaternen, tragbaren Petroleumlampen, vor allem für die Reichsbahn.

In Leipzig besuchte Hannelore die Volksschule. Weil die Familie in Sicherheit gebracht werden sollte, zog sie mit ihrer Mutter 1943 nach Döbeln, knapp 40 Kilometer von Dresden entfernt. Dort besuchte das Mädchen eine Knabenoberschule und kämpfte mit nur zwei Klassenkameradinnen »gegen den Rest der Jungenwelt«. Ihre Mutter wurde in Döbeln kriegsdienstverpflichtet. Als ungelernte Hilfskraft arbeitete sie halbtags in einer Fabrik: Kolonnenakkord an Montagebändern im Vierer- oder Sechsertakt.

Die Zehnjährige hatte es nicht leicht. Mit ihrer Mutter zusammen bewohnte sie in Döbeln eine Einzimmerwohnung. Nach Schulschluß ging Hannelore täglich in die Kantine der Fabrik, wo ihre Mutter schuftete. Hier machte sie Küchendienst, schrubbte Tische und Stühle, räumte auf. Die Kantine mußte in Ordnung gebracht werden, bevor die nächsten Schichtarbeiter kamen. Als Entgelt erhielt sie täglich Kantinenessen. So verlief die Zeit bis zum Kriegswinter 1944/45. Von da an hatten die Schüler umschichtig eine Woche Unterricht und eine Woche Bahnhofsdienst. Döbelns Bahnhof war noch intakt. Über diesen Eisenbahnknotenpunkt kamen Verwundete und Flüchtlingstransporte von der Ostfront. Die Menschen mußten betreut werden. Die Schüler halfen, Tote von Lebenden zu trennen. Sie versorgten Verwundete, soweit das möglich war. Jungen und Mädchen unterstützten das Sanitätspersonal, entfernten Unrat und Schmutz aus den Zügen. Grauenhafte Erinnerungen hat Hannelore Kohl an die offenen Flüchtlingszüge, in denen sich Mütter an ihre erfrorenen Kinder klammerten. Zwischen Dezember 1944 und Januar 1945 beteiligte sich die gesamte Oberschule am Bahnhofsdienst. Weil die Oberstufenschüler längst im Krieg waren, wurden die Unter- und Mittelstufen eingesetzt. Die ersten Toten hatte Hannelore Renner bereits nach den Bombenangriffen in Leipzig gesehen. Was sie auf dem Döbelner Bahnhof sah, überschritt ihre Vorstellungskraft.

Hannelore Kohl erinnert sich:

»Das Wort Krieg ist für uns die konkrete Sache unserer Generation. Das sind Bombennächte, das ist Tieffliegerbeschuß beim Schlangestehen, das ist Tieffliegerbeschuß auf dem Schulweg, Liegen auf einer Brücke, wenn man nicht weiß wohin, und die Garben schlagen um einen herum ein. Das ist der Hunger, das ist die Flucht, das ist das Elend der anderen, und es ist eine Art von Ohnmacht gegenüber einer Gewalt, die man eigentlich nicht begreift, das sind die Soldaten, die man aus dem Bekanntenkreis kennt, die dann als tot gemeldet werden, das kann man nicht begreifen als Kind. Das sind die Soldaten, die zurückkehren von der Front mit schweren Verletzungen oder auch mit dem Begriff des Heimatschusses (es war damals für mich ein völlig neues Wort, das wir alle jetzt interpretieren können); dann die Soldaten, die in entsetzlichem Zustand zurückgekommen sind, zum Teil auf offenen Güterwagen in jenem grauenhaften Winter 1944/45, als die Ostfront zusammenbrach, als wir als Kinder Bahnhofsdienst machten, als wir Flüchtlinge, Verwundete zu versorgen mithalfen und vor allen Dingen die Toten von den Lebenden zu trennen. Das sind verschüttete Menschen in ihren eigenen Häusern, die man ausgraben hilft. Das ist dieser penetrante Geruch von verbrannten Menschen, von verbrannter Materie, der haftenbleibt, der gar nicht abzieht, auch wenn Wind und Regen kommen. Das sind brennende Bäume auf der Straße. Und ich glaube, die grauenhafteste Erinnerung war für mich, das Prägendste, der brennende Asphalt — und man kann gar nicht woanders hingehen. Das ist die Ausweglosigkeit.«

Die Front rückte näher, die Bilder wurden schrecklicher. Die Angst, den Russen in die Hände zu fallen, grassierte. Ende April 1945 — in Torgau an der Elbe waren amerikanische und sowjetische Truppen aufeinandergestoßen — verließen zwei Frauen und drei Kinder mit einem Handwagen Döbeln in Richtung Leipzig: Hannelore, ihre Mutter, zwei Freundinnen (Geschwister) und deren Mutter. Zu Fuß zogen sie entlang der Mulde, einem Nebenfluß der Elbe. Beim Durchwaten des Flusses wurden sie von russischen Patrouillen beschossen. Die Frauen und Kinder übernachteten in Heuschobern, bei Bauern oder in leerstehenden Kirchen. Hannelore mußte betteln gehen, lernte »organisieren«. Nach sechs Wochen kamen sie in Leipzig an. Bereits zweimal waren die Renners hier ausgebombt worden. Zum Glück trafen sie den Vater. Als bekannt wurde, daß sich die Amerikaner zurückziehen würden, machten sich die Renners zu dritt auf — diesmal mit einem kleinen Auto — in

Richtung Westen. Nach Monaten erreichten sie die Stadt Hof. Von hier aus ging es nach Heidelberg in die Entlausungsstation.

Sie entwickelte wie viele andere in jener Zeit Phantasie, wie man was besorgt, lernte Techniken kennen, die das Überleben sicherten. Diese Jahre machten das Mädchen reifer, erfahrener als andere Gleichaltrige.

Von Heidelberg aus zogen sie über den Rhein in die französische Zone. Endlich kamen die Renners in Mutterstadt an, der Heimat des Vaters. Bis zuletzt hatten sie gehofft, im elterlichen Haus Aufnahme zu finden. Vergebens. Fast ein dreiviertel Jahr waren sie unterwegs gewesen, das Elternhaus vor Augen. Doch da war alles dem Erdboden gleichgemacht. Zum ersten Mal sah Hannelore ihren Vater weinen.

Bei Bekannten fanden sie eine Bleibe. Zu dritt zog die Familie in eine Waschküche, 15 Quadratmeter groß. Anfang 1946 wurde Hannelore auf der Oberrealschule für Mädchen angemeldet. Sie kam gleich in die vierte Klasse. Damit übersprang sie zwei Jahrgänge, obwohl sie ein dreiviertel Jahr keinen Unterricht mehr gehabt hatte. Ihr Schulstart war nicht gerade überwältigend. Mit ihrem sächsischen Dialekt fiel sie auf, viel Unterrichtsstoff mußte nachgearbeitet werden. Sie verdiente sich durch Nachhilfestunden Geld. Bereits mit 17 legte sie die Reifeprüfung an der Mädchenoberrealschule in Ludwigshafen ab. Eigentlich wollte sie Mathematik und Physik studieren. Wegen Geldmangels kam nur die Dolmetscherschule in Germersheim in Frage. Sie studierte Englisch und Französisch.

Während des zweiten Semesters im Oktober 1952

starb völlig unerwartet der Vater mit 62 Jahren an einem Herzinfarkt. Neben dem Schmerz über den Verlust eines lieben Menschen auch materiell ein harter Schlag: es gab keine Versorgungsansprüche, keine Pension, nichts, absolut nichts. In Germersheim beendete sie das Semester. Sie ging nach Paris. Tagsüber arbeitete sie als Au-pair-Mädchen, abends studierte sie Französisch.

Physisch und psychisch auf einem Tiefpunkt, brach sie ihr Studium an der Germersheimer Dolmetscherschule ab. Sie kehrte zu ihrer Mutter zurück, die völlig allein war. Als Schülerin hatte sie schon ihrem Vater in dessen Ingenieurbüro zur Seite gestanden und Büroarbeiten gemacht. Vorübergehend jobbte sie im Stuttgarter Konradin-Verlag, redigierte Manuskripte, las Korrekturen. Sie lernte Schreibmaschineschreiben und Stenographie in deutsch, englisch und französisch. An einer Stuttgarter Handelsschule legte sie eine Prüfung ab, fand bei der BASF eine Anstellung und arbeitete dort bis 1960.

Hannelore Kohl blickt noch einmal zurück:
»Mein Vater war für mich eine sehr prägende Figur. Ich weiß nicht, vielleicht hätte ich ein Sohn werden sollen. Er hat sehr viel mit mir gesprochen und mit seinen mathematisch-physikalischen Interessen mich sicherlich zunächst vielleicht belastet, aber in der Summe befruchtet. Wahrscheinlich kommt mein generelles Interesse für diese Wissensgebiete daher. Er war mir ein intelligenter Wegweiser und er hat etwas an seinem Totenbett gesagt, das mir heute noch maßgeblich scheint — nicht nur für mich. ›Wenn du später etwas zu tun hast, dann sage nie:

Ich kann es nicht. Sage vielleicht: Ich kann es noch nicht.‹«

Hannelore und Helmut Kohl sind seit 27 Jahren verheiratet, kennen sich seit nahezu 40 Jahren.

Hannelore Kohl:

»Ich war fünfzehn, er war achtzehn. Unsere hiesige Welt lag noch teilweise in Schutt und Trümmern. Die Tanzstunde war überhaupt nicht zu vergleichen mit dem, was heute die jungen Mädchen und jungen Männer in Tanzstunden so an wichtigem Äußeren erleben. Wir klauten mitunter ein Stück Holz oder nahmen ein Stück Kohle mit, wenn man es hatte, um überhaupt diesen Abend zu gestalten und daß gewärmt werden konnte. Es war einfach reduziert auf das Wesentliche, und ich glaube, das hat die ganze damalige Zeit geprägt. Ich habe oft schon gesagt, das war Liebe auf den zweiten Blick. Man hat es natürlich nicht so leicht, Fuß zu fassen, wenn man einen sächsischen Dialekt spricht. Mein damaliger Freund und heutiger Ehemann schien mich gleich zu mögen, und wir hatten sogleich sehr guten Kontakt. Wir kannten uns dann sehr lange, bis wir uns verlobten, und 1960 heirateten wir. Er hat mir (seine Eltern auch, das möchte ich ganz gewiß betonen) in all den schweren Jahren des Aufbaus hier einen sehr großen Halt gegeben. Er war wie ein Fels im Meer oder auch im Treibsand, dem ich oft ausgesetzt war mit den Unwägbarkeiten dessen, was ich hier erlebte oder überhaupt nicht einordnen konnte. Es war eigentlich das erste Mal, daß ich wirklich aufgenommen worden bin. Und ich habe mich seitdem zu Hause gefühlt.«

Kohl war dreißig Jahre alt, kaufmännischer Angestellter beim Chemieverband, Stadtrat in Ludwigshafen und Landtagsabgeordneter in Mainz, Hannelore Renner siebenundzwanzig Jahre alt und Fremdsprachensekretärin bei der BASF, als sie am 27. Juni 1960 in der Friesenheimer St.-Josefs-Kirche von Pfarrer Ruprecht Ripp getraut wurden. In dieser Pfarrkirche war auch Kohl getauft und gefirmt worden. Mit dem heutigen Pfarrer von St. Josef, Stadtdekan Prälat Erich Ramstetter, ist Kohl seit 1960 eng befreundet. Ramstetter taufte auch die beiden Kohl-Kinder Walter und Peter, die 1963 und 1965 zur Welt kamen. Walter besuchte ein Ludwigshafener Gymnasium und verpflichtete sich nach dem Abitur für zwei Jahre bei der Bundeswehr. Im Herbst 1984 verließ er als Fähnrich d. R. seine Jägerkompanie. Er nahm anschließend sein Studium auf. Der jüngere Sohn Peter machte im Frühjahr 1985 sein Abitur an einem Mannheimer Gymnasium und leistete anschließend seinen zweijährigen Wehrdienst, den er als Reserveoffizier der Fallschirmtruppe verließ. Auch er studiert bereits.

Auch in der Kohl-Familie war sie es, die sich vorrangig um die Erziehung der beiden Söhne kümmerte. Die häufige Abwesenheit des Vaters ließ kaum eine andere Wahl zu. Helmut Kohls Einfluß wird jedoch im religiösen Engagement der Kinder spürbar. Die protestantische Mutter überließ ihrem Mann die Vermittlung christlicher Überzeugung.

Hannelore Kohl schottete ihre Kinder gegenüber einer neugierigen Öffentlichkeit ab. Sie unternahm alles, um sie nicht als Prominentenkinder vorzuführen. Dies gelang ihr weitgehend.

Wenn Kohl einmal abschaltet, erzählt er gerne von

seinen Söhnen, gerät ins Schwärmen, zeigt Vaterstolz. Zu seinen Söhnen hat er ein äußerst herzliches Verhältnis. Hannelore Kohl hat dazu besonders beigetragen. Wegen ihrer Kinder verzichtete sie darauf, ihren Beruf auszuüben, und beschränkte die Repräsentationspflichten an der Seite ihres Mannes auf das Notwendigste. Sie blieb mit ihren Söhnen in Ludwigshafen, als ihr Mann Ministerpräsident in Mainz war, und widmete sich auch ganz den Kindern, als Kohl Oppositionsführer in Bonn wurde. Daß manche Medien sie immer wieder als Heimchen am Herd und Muttchen gescholten haben, die eine Glocke über ihre Familie stülpe, hat sie ertragen.

Hannelore Kohl 1987:
»Bei der Kindererziehung habe ich mich im Prinzip von meinem gesunden Menschenverstand leiten lassen. Ich habe nie etwas davon gehalten, die antiautoritäre Erziehung per se als gut zu empfinden. Es ist selbstverständlich, daß wir nicht mehr so handeln wie unsere Eltern vor vierzig, fünfzig Jahren. Das ist eine andere Welt geworden. Es ist liberaler, es gibt mehr Freiheit.«

Kenner der Bonner Szene halten Hannelore Kohl für intelligent, spontan und schlagfertig. Ihr Selbstbewußtsein ist ausgeprägt. Ihre eiserne Disziplin und ihr Durchsetzungsvermögen werden nicht selten bewundert. Was sie sich in den Kopf gesetzt hat, führt sie auch aus. Es imponiert, daß sie zu keiner Zeit von der Macht korrumpiert wurde. Sie »läuft nicht auf Stelzen«, sie ist natürlich geblieben, wie es kürzlich eine Journalistin schrieb.

Zu politischen Tagesfragen äußert Hannelore Kohl sich nie. Die geborene Berlinerin mit ihrem faltenlosen Gesicht und ihrer überschlanken Figur wirkt rein äußerlich zuweilen »puppenhaft, ist immer makellos frisiert und immer modisch gekleidet.

Mit den Bonner Politikerfrauen versteht sie sich sehr gut. Engere Kontakte gibt es zu Frau Genscher, Frau Schwarz-Schilling und Frau Wörner. Sympathien hegt sie für die Gattin des ägyptischen Staatschefs Mubarak und die Frau des jordanischen Königs. Richtige Freundschaft hat sie mittlerweile mit Gahl Burt, der Frau des amerikanischen Botschafters in Bonn, geschlossen. Und diese junge Amerikanerin charakterisiert Hannelore Kohl so: »Meiner Meinung nach besitzt Hannelore Kohl viel mehr Energie, als ich jemals bei einem anderen Menschen habe feststellen können. Sie ist permanent in Bewegung, begegnet Menschen, spricht zu und mit ihnen, verläßt oft ihren Platz am Tisch, bewegt sich auf Menschen zu. Und mich beeindruckt eben diese unglaubliche Energie, diese Tag- und Nachteinsatzbereitschaft sehr. Ich bewundere sie sehr.«

Dem Vergleich mit ihren Vorgängerinnen kann sie standhalten: Frau Erhard trat in Bonn nie auf, und auch Frau Kiesinger spielte keine Rolle in der Bundeshauptstadt. Ruth Brandt übernahm als erste Kanzlergattin in Bonn repräsentative Aufgaben. Mit Loki Schmidt zog ein neuer Frauentyp in den Kanzlerbungalow ein. Diese sympathische Frau setzte sich für den Schutz gefährdeter Blumen und Pflanzen ein. So wichtig das ist: Hannelore Kohls Engagement für Unfallopfer, für Menschen, die Hilfe brauchen, erscheint mir vorrangiger.

Kritiker werfen Hannelore Kohl vor, sie sei pedantisch bemüht, alles ordentlich und richtig zu machen. Dadurch wirke sie zuweilen steif und künstlich. Ich habe ihre Offenheit und Herzlichkeit bei zahlreichen Anlässen beobachten können. Vor allem überraschte mich immer wieder, daß sie ihre freundschaftlichen Beziehungen nicht daran ausrichtete, wie die Menschen ihrem Mann, dem Politiker Helmut Kohl, gegenüberstanden. Die Kanzlergattin lehnt Parteienhader, lehnt ideologische Scheuklappen ab.

Für Helmut Kohl ist seine Frau zu einer wichtigen Sympathieträgerin geworden und das nicht nur im Ausland. Auch hier tritt sie selbstsicher auf, spricht Englisch oder Französisch, ist in der Beziehung mit keiner Vorgängerin zu vergleichen. Hannelore Kohl ist längst eine überzeugende Botschafterin Bonns: »Offizielle Reisen sind anstrengend, das Protokoll ist eine eiserne aber hilfreiche Klammer, man muß sich gut vorbereiten. Dazu muß man genau wissen, um was es geht. Und dann müssen wir Frauen auch noch immer nach etwas aussehen. Selbstverständlich kann man die Chance wahrnehmen, auch vor Ort kulturellen oder historischen Spuren nachzugehen, aber das ist eine Randerscheinung. Und mitunter — ich gestehe es ehrlich — ist die Kraft dafür dann nur noch ganz klein. Beobachtet zu werden, ist eine Frage der Gewöhnung. Ich mache das jetzt ungefähr seit zwanzig Jahren. Da gibt es zwei Wege: entweder man geht daran kaputt, oder irgendwann kommt man drüber und kann sich Natürlichkeit und Spontaneität bewahren. Jeder muß da sein eigenes Rezept finden. Ich kann mir nicht ständig vor Augen halten, was wäre wenn? Wie finde ich das? Das hat keinen Sinn. Ich mache mir damit das Leben zu schwer. Ich sehe, wie es ist, und versuche, daraus das Beste zu machen. Manches ist prima, freut mich, ist schön — manches ist schwierig. Und da muß man durch. Aber ich glaube, das gibt es in jedem Beruf und in jeder Lebenslage!«

Hildegard Lattek

von Ulrike Rode

Hildegard Lattek, *43, hat an der Sporthochschule Köln studiert und ihr Diplom gemacht.*
Verheiratet ist sie mit dem Fußballtrainer Udo Lattek, heute Kolumnist beim Springer-Verlag.
Sie haben zwei Töchter; (der Sohn starb vor 7 Jahren an Leukämie).

Vom ruhigen kleinen Glück in der Familie hat sie geträumt, als sie Anfang zwanzig war und verlobt mit Udo Lattek. »Wir beide im Lehrerberuf mit drei Monaten Ferien im Jahr, Zeit genug für Kinder und fürs Miteinanderaltwerden ...«

Daß ihr junger Studienrat für Sport und Englisch Europas erfolgreichster, bestbezahlter Fußballtrainer werden, daß sie ihre drei Kinder allein großziehen und in fünfundzwanzig Jahren Ehe vierzehnmal die Wohnung wechseln würde — das stand nicht im Lebensentwurf der Kölner Sportstudentin. Schon bald hatte sie erkannt und es auch öffentlich gesagt, daß sie nicht *für*, sondern *mit* ihrem Mann lebt. Sie hat sich nicht aufgeopfert in dieser Ehe, aber sie hat ausgehalten an der Seite ihres rastlos aufstrebenden Mannes und sich Achtung und Sympathien auch bei seinen Feinden erworben (und er hat viele).

»Wenn man das Glück hat, so eine Frau zu haben wie ich, dann hilft das unheimlich«, gestand Udo Lattek einmal einem Reporter. Kann sie dasselbe auch von ihm sagen? »Eigentlich nicht, weil ich doch in Situationen, wo ich ihn dringend gebraucht hab, allein war. In diesem Beruf sind die Männer sehr viel unterwegs, und dann passiert plötzlich was mit einem Kind. Dann steht man doch sehr allein da. Das hat mich bestimmt viel Kraft gekostet.«

Die hat sie wohl gesammelt während einer behüteten Kinderzeit und in einer — wie sie es empfand — sehr intakten Familie. Vater und Mutter waren allerdings dagegen, daß sie Sportlehrerin werden wollte. »Damals in den fünfziger Jahren war das auch noch ungewöhnlich für ein Mädchen. Sie sahen mich wohl schon mit dicken Muskelpaketen daherkommen. Aber Sport und Mathematik wäre meine Traumkombination gewesen.«

Gehorsam absolvierte sie statt dessen eine kaufmännische Lehre bei 4711 in Köln, wo schon der Großvater Prokurist gewesen war, und ging dann doch ihren Weg. Bestand die schwierige Aufnahmeprüfung an der Sporthochschule und freute sich, daß der Mann ihres Herzens ebenfalls so sportbegeistert war. Mit sechzehn, noch als Schülerin, hatte sie den Sportstudenten Udo Lattek auf einem Fest kennengelernt und sich in ihn verliebt: »Ich habe diese Kraft gespürt in seinen Augen, seine Ausstrahlung von Energie. Wahrscheinlich war er der Gegentyp meines Vaters, den ich unheimlich gern hab, der aber sehr weich und empfindsam ist und niemandem weh tun kann.«

Udo Lattek, der Bauernsohn ostpreußischer Herkunft, der als Flüchtlingskind ins Bergische Land gekommen und neben der Schule auf dem elterlichen Bauernhof schuften mußte, war damals Vertragsspieler bei Bayer Leverkusen und finanzierte damit sein Studium. Die beiden blieben zusammen: die Bürgerstochter aus Köln und der eher schüchterne, aber ehrgeizige Junge vom Land. Sie machte ihr Diplom an der Sporthochschule, er sein Staatsexamen fürs Höhere Lehramt, und als Tochter Sabine sich ankündigte, wurde geheiratet. Wie sich das damals gehörte, machte Hildegard Lattek nach der Geburt des ersten Kindes eine Berufspause.

»Udo unterrichtete an der Schule und spielte nebenbei Fußball. So ganz glücklich war er als Lehrer aber nicht, und als er dann beschloß, noch das Fußballehrer-Diplom an der Sporthochschule zu machen, fand ich das ganz verständlich.« Auch als Helmut Schön, der damalige Bundestrainer, den jungen Fußballehrer Udo Lattek bat, sein Assistent beim Deutschen Fußballbund zu werden, sah Hildegard Lattek ihren Familientraum noch nicht gefährdet. Immerhin war er da so eine Art Beamter mit Pensionsanspruch. »Doch die Zeit beim DFB war die schlimmste von allen. Da war er nie zu Hause, und wenn, dann nur zum Kofferpacken für ein Trainingslager. Unser Sohn Dirk wurde im ersten Jahr beim DFB geboren. ›Er wird später mal Onkel zu dir sagen‹, hab ich Udo vorgehalten. Es half nichts.«

Aber sie war jung, fühlte sich stark und wollte »alles allein packen«. Doch innerlich hat sie damals schon rebelliert gegen diese von ihm gesetzten Lebens- und Familienbedingungen. »Ich erinnere mich an ein Silvester. Udo war weg, ich war mit den beiden Kindern allein. Meine Eltern und mein Bruder hatten eine große Einladung, und ich wollte nicht, daß sie meinetwegen zu Hause blieben. In der Nacht zum 31. Dezember bekam ich unerklärlich hohes Fieber. Der Hausarzt unserer Familie kam, war ratlos und rief schließlich meinen Bruder an. ›Sie können Ihre Schwester nicht alleinlassen!‹ Mein Körper hat etwas anderes gesagt als mein Kopf.«

Während der DFB-Jahre in Köln hatte Hildegard Lattek ihre Eltern, ihre Freunde, den Bruder und die Kinder um sich. Das Leben war erträglich. Panik befiel sie erst, als sich Franz Beckenbauer vom F.C. Bayern für ihren Mann als Vereinstrainer interessierte. »Udo fuhr nach München, um sich mal zu informieren. Dann, abends, kam sein Anruf. 6000 Mark im Monat statt 1600, das müsse man doch überlegen. Ich habe am Telefon regelrecht gekämpft. Wir hatten seit einem Jahr unser eigenes Haus. Unvorstellbar für mich, daß ich von Köln wegziehen und in München mit den beiden Kindern völlig von vorn anfangen sollte. ›Wenn deine Glückseligkeit davon abhängt, dann mach's, hab ich schließlich gesagt. Aber der Abschied von zu Hause war furchtbar. Ich bin fast zusammengebrochen.«

Sie hat geahnt — damals — daß es nichts mehr werden würde mit ihrer Vorstellung von Geborgenheit in der Familie. Ihr Mann hatte die Karriereleiter bestiegen, war nicht mehr aufzuhalten. Nun mußte sie an sich selbst denken, sich einen eigenen Lebensbereich jenseits des Fußballs schaffen, auf innere und äußere Unabhängigkeit achten. In München wollte sie auf jeden Fall wieder in den Beruf zurück.

»Die Frau des Trainers vom F.C. Bayern hat es doch nicht nötig zu arbeiten«, sagte Bayern-Manager Schwan zu ihr, als sie ihn bat, ihr bei der Stellensuche behilflich zu sein. »Und natürlich war nichts geschehen, als ich nach München übergesiedelt, Sabine umgeschult und Dirk im Kindergarten untergebracht war. Bei einem Fest begrüßte mich ein ganz netter Mensch vom F.C. mit ›Hallo Udoline‹. Am nächsten Morgen hab ich dann an die Regierung geschrieben. Er hatte mir was Wichtiges beigebracht.«

Bis zur Geburt der Tochter Nadja vor fünf Jahren war Hildegard Lattek ohne Unterbrechung berufstätig. Sie hat Sport unterrichtet, eigenes Geld verdient und Freude am Umgang mit jungen Leuten gehabt. »Im Gegensatz zu Udo war mir die Karriere nie wichtig, wohl aber die Arbeit. Und auch das eigene Geld. Und ich hab Menschen kennengelernt, eigene Freunde gefunden, die mir auch manchmal den Weg gewiesen haben, daß ich mich nicht allzusehr im Fußball engagiere.«

Auch wenn Udo Lattek die Berufstätigkeit seiner Frau mehr als Nebenbeschäftigung gewertet, nie richtig ernst genommen hat, begann sie sich in München wohl zu fühlen. »Ich hab zwar immer noch aufbegehrt, wenn er sich um Familienaufgaben herumgedrückt hat, immer wieder versucht, ihm meine Vorstellung von partnerschaftlicher Ehe klarzumachen. Elternsprechtag zum Beispiel, selbstverständlich mußte ich mir da am Vormittag freinehmen. Von ernsthaften Sorgen mal ganz abgesehen. Dirk war mal schwer gestürzt, da mußte ich meinen Bruder anrufen, weil der Vater nicht greifbar war. Aber ich habe da begonnen, Verantwortung für mein Leben zu übernehmen, ihn nicht zuständig zu sehen für meine Zufriedenheit.«

Hildegard Lattek hat ihren Mann nicht »freigestellt« von seiner Pflicht den Kindern gegenüber. Sie hat immer gekämpft und gefordert. Die Rolle der duldenden Gattin des Erfolgsmannes wollte und konnte sie nicht spielen. Vielleicht liegt darin der Grund, daß die heute Dreiundvierzigjährige nicht bitter und enttäuscht wirkt. Sie fühlt sich nicht betrogen, weil sie nicht gutgläubig geblieben ist, nicht die Augen zugemacht hat vor den Problemen dieser Partnerschaft. Und sie sieht beide Seiten. »Natürlich war es auch für ihn nicht eitel Sonnenschein, wenn er immer wieder neu beginnen, immer wieder neue Erfolge bringen mußte. Dieser Beruf ist psychisch enorm belastend, und daß er die Niederlage

seiner Mannschaft nicht beim Verlassen der Kabine wegsteckt, kann ich ihm nachfühlen.« Sie reagiert auch gelassen, wenn er sie »als seinen zwölften Mann auf dem Platz« bezeichnet. »Ich finde das sehr nett, wenn er das so sieht. Es ist für ihn sicher beruhigend zu wissen, daß da auf der Tribüne jemand sitzt, der zu ihm hält, auch wenn alles mal ganz schlecht aussieht und wenn alle gegen ihn brüllen.«

Mit der sattsam bekannten Fernseheinstellung ›Udo Lattek auf der Ehrentribüne im blauen Pullover, neben ihm seine Frau‹ hat sie keine Mühe. Sie muß sich nicht gewaltsam abgrenzen und hat genügend Selbstbewußtsein für diese öffentlich vielleicht mißverständliche Geste. »Ich sehe gern gute Fußballspiele, warum also sollte ich mich woanders hinsetzen?«

Daß die Öffentlichkeit, vor allem die Boulevardpresse, sich auch ihres Privatlebens bemächtigt, hat sie allerdings lange irritiert. »Sehr hart ist das«, sagt sie. »Da gab es Artikel, nach denen ich das Gefühl hatte, jeder auf der Straße schaut dich an. Aber mittlerweile kommt es mir nur noch auf die Meinung der Menschen an, die ich mag oder die mich persönlich kennen.«

Die Kinder Sabine und Dirk haben unter dem öffentlichen Bild ihres Vaters gelitten. Vor allem Dirk, der sich total mit dem Vater identifizierte, konnte es nur schwer ertragen, wenn die Presse schlecht mit ihm umging. Mehr will Hildegard dazu nicht sagen.

Sie will auch über den Verlust dieses Sohnes, der vor sieben Jahren an Leukämie gestorben ist, nicht öffentlich reden. Ihre Familie hat diese schwere Krise bewältigt, doch die Trauer hält bis heute an. »Aber wir haben unendlich von ihm gelernt«, sagt seine Mutter. »Wir sind toleranter geworden, haben neue, andere Werte für unser Leben gefunden. Dirk hat uns ein Riesenstück weitergebracht.«

Udo Lattek, der damals die Borussia in Dortmund trainierte, nahm den Trainerposten beim F.C. Barcelona an. Er stürzte sich in die Arbeit, um zu vergessen, während Hildegard Lattek zunächst mit der Tochter Sabine in Köln blieb. Als die Familie dann im eigenen Haus in Spanien wieder vereint war, wurde Tochter Nadja geboren.

Nadja ist heute fünf Jahre alt und ganz gewiß dafür verantwortlich, daß ihre Mutter zum ersten Mal ein Heimspiel gewonnen hat. Nach knapp anderthalb Jahren in Spanien, wo Hildergard Lattek »sowas wie ein Heimatgefühl außerhalb Kölns« entwickelt hat, stand wieder ein Umzug an. Wieder nach München zu der Bayern-Elf. »Wenn meine Tochter zur Schule geht und lesen kann, was ihr Vater für ein Schweinehund ist, mache ich Schluß mit dem Beruf«, hatte Udo Lattek damals gesagt. Keiner wollte es glauben, auch seine Frau nicht. Aber dann nahm sie ihn beim Wort. »Ich will nicht mehr, ich kann nicht mehr, hab ich gesagt, ich brauch endlich ein Zuhause. Auch für die kleine Tochter, bei der ich jetzt viel bewußter wahrnehme, wie wichtig ihr Freundschaften und Beständigkeit sind. Nun, im letzten Jahr vor Nadjas Schulbeginn, war Schluß. Ich glaube, daß ich allein nach Köln in unser Haus gegangen wäre, wenn mein Mann sich anders entschieden hätte.«

Er muß gespürt haben, daß es ihr diesmal ernst war. Die Stelle als sporttechnischer Direktor beim F.C. Köln kam gerade recht.

Hildegard Lattek hat ihr Haus wieder bezogen, das in der Zwischenzeit von Sabine, die in Köln studiert, gehütet worden war. Sie ist da angelangt, wo sie immer hinwollte, in ein Zuhause mit der Familie. Fröhlich-lebendig sitzt sie inmitten ihrer Lieben und freut sich auf die Zukunft. Sie will wieder arbeiten, wenn Nadja zur Schule geht und sie hofft, daß ihr immer noch vielbeschäftigter Mann sie bald einholt, endlich erkennt, daß sich auch Familienleben lohnt. »Ich möchte, daß er das tut, daß er aufhört mit der Arbeit. Wenn er das tut, dann hätten wir vielleicht noch eine schöne Zeit. Ich hoffe, irgendwann schafft er das.«

Margarete Mitscherlich

von Gabriele von Arnim

Margarete Mitscherlich, *70, war mit dem 1982 verstorbenen Arzt und Psychoanalytiker Alexander Mitscherlich verheiratet. Sie hat Medizin studiert und danach in Stuttgart, London und Heidelberg eine psychoanalytische Ausbildung absolviert.*
Neben den gemeinsam mit ihrem Mann publizierten Werken hat sie seit 1972 eigene Bücher zu psychoanalytischen und feministischen Fragen verfaßt.

»Die Frau an seiner Seite« — ein »wunderschönes Thema«, sagt sie und lacht ausgiebig. Natürlich war die Feministin und Psychoanalytikerin Margarete Mitscherlich-Nielsen nie ein schmückendes »Beiwerk« an der Seite von Alexander Mitscherlich. Aber natürlich wurde sie als Ehefrau des berühmten Mannes auch zur Seite gedrängt. »Na ja«, sagt sie schließlich, »das hat mich oft geärgert. Aber ich meine, faktisch war ich ja immer berufstätig, ich bin keinen Tag nicht berufstätig gewesen, so lange ich ihn kannte. Insofern konnte ich mich nicht absolut getroffen fühlen.«

Aber selbstverständlich hat es Situationen gegeben, in denen ihr Mann umschmeichelt und hofiert und sie übersehen wurde. Wie hat sie reagiert? »Wahrscheinlich habe ich mich irgendwie bemerkbar gemacht, so weit ich mich kenne, oder ich habe mich abgewendet und nachher schlecht über die Leute gesprochen.«

Und was hat ihr Mann dazu gemeint? Da muß sie schon wieder lachen, weil er halt so typisch männlich war. »Ach ja, entschuldige«, hat er gesagt, »das habe ich gar nicht gemerkt, nimm das doch nicht so übel, ja sicher, ich hätte es natürlich merken sollen.«

Und doch ist sie immer wieder mitgegangen, selbst wenn sie ahnte, daß man ihn und nicht sie kennen würde. »Na ja, wenn es mich sowieso interessierte, und wenn er es gerne wollte, wenn er sehr viel Wert darauf legte, daß ich mitkam, tat ich es halt. Aber ich bin auch oft nicht mitgegangen.«

Sie war selbstsicher genug, um auch mal an seiner Seite stehen zu können. Und fühlte sie sich übergangen, dann hat sie nicht heimlich gegrollt, sondern sich gewehrt. Warum sollte sie auch in die Rolle des bescheidenen und zurückhaltenden Weibes schlüpfen, wenn sie darin doch erstickt wäre? Warum sollte sie den Konventionen entsprechen, wenn die ihr nicht entsprachen? Warum sollte sie Männern und dafür sich selbst nicht gefallen? Margarete Mitscherlich ist keine Frau, die kuscht, sondern eine, die kämpft. Bequem war sie nie, weder für andere, noch für sich selbst.

»Ich habe viele Wutanfälle gekriegt, nein, gar nicht so viele, aber immer wieder mal — das gehörte zu meinem Leben dazu, seitdem ich denken kann.«

Von »friedfertigen Frauen« hält sie nicht viel. In dem Buch, das sie über das Thema schrieb, fordert sie die Frauen auf, »kritischer denken [zu] lernen als bisher und ihre Selbstwahrnehmung von den männlichen Vorstellungen von Frauen [zu] befreien.« Denn »›Mann‹ will von ihr, daß ihr einziger Wunsch sein soll, geliebt zu werden, einen Mann zu lieben, ihn zu bewundern und ihm zu dienen sowie sich ihm anzupassen.«

Margarete Mitscherlich hat geliebt, ohne sich anzupassen. »Mein lieber Alexander«, sagte sie heute, »konnte meine Aggressionen gut aushalten.« Sonst wären sie wohl nie ein Paar geblieben und sicher nicht zu dem Paar geworden, das Ute und Jürgen Habermas in einer Festschrift zu Margarete Mitscherlichs 70. Geburtstag ansprechen: »Ihr beide wart mit Euren Gesten, Blicken, ritualisierten Kämpfen und Diskussionen ein unwiderstehliches Paar. Niemals wieder haben wir lebhafter empfunden, was Interesse heißt: Dazwischensein und Initiative: Anstoßgeben.«

35 Jahre lange waren Alexander und Margarete Mitscherlich ein Paar — erst heimlich, dann vor dem Gesetz und schließlich öffentlich. 1982 starb Alexander Mitscherlich nach einer langen, für beide schwierigen Krankheit.

Die lustvolle Rivalität des Paares liegt eine lange Zeit zurück. Immer wieder fallen Margarete Mitscherlich die Gefühle der letzten Jahre ein. »Rivalität, ja, die gab es auf beiden Seiten, und als es ihm nicht mehr so gut ging und er auch ziemlich scheußlich wurde, hatte er starke Rivalitätsgefühle mir gegenüber, es war sehr schwer.«

Er selbst hat in seinem Buch »Ein Leben für die Psychoanalyse« darüber berichtet, wie »heftig depressiv« er auf die Pensionierung und das Gefühl der »Verlangsamung und des Altwerdens« reagiert habe. »Meine Frau stand diesem ›Umbau‹ oft ratlos gegenüber und reagierte auch gelegentlich mit Ungeduld. Da wir seit langem gewissermaßen eine Art Denkgemeinschaft bildeten, der eine beim anderen Kritik und Anregung für seine jeweilig im Entstehen begriffenen Arbeiten suchte, und ich mit unmittelbarer Einfühlung rechnete, war auch das für mich eine Enttäuschung. Es löste wechselweise Zorn in mir aus oder depressive Gefühle darüber, daß niemand mich mehr recht zu verstehen vermochte, noch mir zu helfen schien.«

»Ich habe ihn gut verstanden«, sagt sie heute, »ich habe sehr versucht, mich mit ihm zu identifizieren, wenn er mich beschimpfte, weil ich mal wegfuhr, um einen Vortrag zu halten. Nur, was hätte ich denn tun sollen! Hätte ich zu Hause bleiben und mit in die Depression verfallen sollen?«

Ausgerechnet sie, die Ärztin und Analytikerin, wollte über lange Zeit nicht akzeptieren, daß ihr Mann krank war, sie wollte den geschärften Geist, den sie gewohnt war. »Ich habe immer gedacht, er kann doch anders.« Es dauerte, bis sie verstand, daß er nicht mehr konnte. »Es tat sehr weh.« Ihre Stimme wird brüchig. Das nordische »R« der gebürtigen Dänin dehnt sich noch mehr als gewöhnlich.

»Bleiben wir beim gesunden Mann«, sage ich. »Ja«, sagt sie, »bleiben wir bitte beim gesunden Mann.« Den Satz werden wir noch mehrfach im Laufe des Gesprächs wiederholen.

1967 schreiben die beiden »Die Unfähigkeit zu trauern«, ein Buch, das einschlägt, Respekt und auch häßliche Reaktionen hervorruft. Es beschäftigt sich mit dem Unwillen und dem Nichtwollen der Deutschen, ihre jüngste Vergangenheit zu verarbeiten, statt sie zu verdrängen. Als Autor des Buches wurde meist nur er genannt.

»Ja natürlich«, sagte sie, »so ist doch unsere Gesellschaft. Da bin ich oft rasend geworden, gar keine Frage. Man darf allerdings eins nicht vergessen, es war ja nicht nur, weil er der Mann war, sondern auch, weil er schon sehr viele Bücher geschrieben hatte. Man kannte ihn. Das muß man gerechtigkeitshalber schon sagen. Ich hatte in Fachzeitschriften meine Sachen geschrieben, aber dem größeren Publikum war ich unbekannt.«

Hatte sie sich denn vorher nicht überlegt, daß man Ehefrauen als Ko-Autorinnen nur zu gern als »Drangehängte« abtut? »Eigentlich sollte jedes Kapitel namentlich gekennzeichnet werden. Aber der Verlag wollte es anders. Nun war der Beitrag, der dem

Ganzen den Titel gab, wirklich eine echte Gemeinschaftsarbeit, und wir haben auch sonst alles besprochen. Ich habe sowieso immer das gelesen, was er geschrieben hat — bis auf bestimmte Dinge, von denen ich einfach nichts verstand; bei dem Buch ›Die Unwirtlichkeit unserer Städte‹ zum Beispiel hatte ich nicht, wie sonst, durch Kritik und Korrekturen teilgenommen. Als ich mich bei diesem Buch auf die gemeinsame Autorenschaft einließ, hatte ich mir das sicherlich nicht genug überlegt. Die Reaktion war nicht wirklich ein Schock für mich, sie war ein Ärgernis — aber hatte ich so viel anderes erwartet?«

Wichtiger war wohl, daß die Zusammenarbeit klappte. »Es ging ganz einfach so, daß ich zum Beispiel etwas schrieb, Fallgeschichten, psychoanalytische Sachen — ich war ja mit der psychoanalytischen Therapie und Theorie viel intensiver beschäftigt als er, er war mehr der gesellschaftspolitisch Interessierte — dann hat er darin herumgewurstelt und korrigiert und ich in seinem, das ging einige Male hin und her, und dann wurde es zusammengefügt. Was hat er immer zu mir gesagt: ›Das Talmudische an dir ist mir manchmal schwer erträglich‹ — also ich habe immer ganz genau überlegt, zu welchem Bereich der Seele gehört dies oder jenes, muß man es mit der Narzismustheorie, der Strukturtheorie oder der reinen Triebtheorie erklären — so etwas war mein Interesse, und nicht so sehr seines. Ich war sehr am Detail interessiert, und er mehr am Überblick. Ich habe daher hauptsächlich das Psychoanalytische gelesen und er das Soziologische. Ich las schneller. Er schrieb besser. Er war sprachlich gewandter als ich. Er hatte ja auch schon sehr früh angefangen zu schreiben, während ich mehr oder weniger mit zwei Sprachen groß geworden bin. Mein Sohn behauptet heute noch, ich könne nicht ordentlich Deutsch.«

Sie kann sehr gelassen von den Begabungen ihres Mannes sprechen, muß seine Erfolge nicht schmälern, um ihre zu betonen. Daß er berühmter war als sie, hat sie oft geärgert, aber nie in ihrer Identität bedroht. »Eigentlich hatte ich das Gefühl, stärker zu sein als er, irgendwie stabiler, er war in gewisser Weise empfindlicher als ich.«

Und sie fühlte sich offensichtlich nicht unterlegen, im Gegenteil: Sie wußte, daß sie im psychoanalytischen Bereich besser war als er. »Er hat sogar einmal in einem ZEIT-Gespräch gesagt, er hätte das Gefühl, ich sei intelligenter als er; das hat er mir auch oft gesagt, und ich habe geantwortet: ›Lieber Alexander, ja, was die Psychologie anbetrifft, bin ich es, und auf anderen Gebieten gar nicht.‹ Er hatte wirkliche Begabungen, das ist gar keine Frage. Wir haben gut zusammen gearbeitet. Er hat mich immer sehr ernst genommen, im Grunde mehr als ich ihn.«

Sie lacht, wie Frauen über Männer so lachen können. Ich bin fast erschrocken über so viel Selbstbewußtsein. Ich weiß weder, ob ich es glauben, noch, ob ich es gut finden kann. Bewunderung mischt sich mit Skepsis und Neid — wie hat sie das geschafft, frage ich mich und sie. »Ach, das klingt alles viel einfacher, als es war«, antwortet sie. »Es ist wirklich sehr kompliziert. Am liebsten möchte ich auf Ihre Fragen immer mit ›Jein‹ antworten.«

Dieses Nebeneinander von Nachdenklichkeit und Selbstwertgefühl, von Zweifeln und Sicherheit macht sie so sympathisch. Und sie lacht gern. Wenn sie meint, man komme ihr im Gespräch zu nah, lacht sie die Nähe weg — und die Fragestellerin verstummt. Dann wieder steigt ein warmes, gutturales Lachen in ihr auf, in das man gerne einstimmt. Sie, die andere mit Wonne verspottet, kann sich auch über sich selbst lustig machen. Selbstironie sei ihr dänisches Erbe, meint sie, über sich zu lachen, habe sie schon als Kind lernen müssen, weil sie sonst ganz dumm dagestanden hätte.

Konnte Alexander Mitscherlich über sich lachen? »Ja, doch es fiel ihm etwas schwerer, er war ein wenig schwerfälliger, so wie die Männer halt sind. Aber er war jemand, mit dem man, bei allen Unerträglichkeiten, die er natürlich auch hatte, immer darüber sprechen und ihn damit konfrontieren konnte.«

Das hat die streitbare und vergnügte Frau sicher reichlich getan und allen Grund dazu gehabt, denn es war eben doch so — so hat sie es vor kurzem noch in einem Emma-Gespräch gesagt — daß er ganz selbstverständlich immer die Hauptperson war. »Ja«, meint sie auch jetzt, »im Anfang war es wirklich so, mein Sohn Matthias und ich haben ihn immer unsere Diva genannt, wir haben also auch über ihn gelacht. Er stand natürlich im Mittelpunkt — was die Öffentlichkeit anbetraf. Wie es zu Hause war? Ich weiß es wirklich nicht.«

Irgendwie hingen auch beide rührend an mir. Wenn ich krank war, o Gott, wie sie da saßen, oder wenn ich nach einer Operation nach Hause kam, wie sie strahlten — das war natürlich enorm befriedigend für mich. Nein, er wurde zu Hause nicht als der große Alexander Mitscherlich gehätschelt. Ich habe abends oft gekocht, dann hat er abgewaschen, tagsüber hatte ich Hilfe. Er hat viel Organisatorisches gemacht, Steuern und so was, ich bin sehr unordentlich und konnte dank ihm meine unordentliche Unverantwortlichkeit aufrechterhalten. Klar, er war berühmt und hatte Erfolge, aber es hat mich ja auch enorm gefreut, ich habe mich in vielem mit ihm identifiziert.«

Mir fällt ein Satz aus ihrem Buch »Die friedfertige Frau« ein: »Konfliktfreies und aggressionsloses Miteinanderleben wäre ein Pseudoparadies, in dem man, sofern es denn erreichbar wäre, wahrscheinlich vor Langeweile zugrunde gehen würde.«

Schon bin ich wieder auf der Suche nach Groll und Fehde. Wenn er öffentlich glänzte und sie mit einer Schreibhemmung zu Hause saß, hat sie dann nicht vor Wut getobt? »Natürlich, aber ja, entsetzlich — auch das hat es gegeben, aber wissen Sie, er wurde ja auch sehr bekämpft, für mich war er nicht nur der Siegende, sondern auch sehr der Leidende. Das dürfen Sie nicht vergessen. Das sieht man von außen nicht. Aber ich weiß ja, wie miserabel er behandelt wurde und wie sehr er darunter litt. Er war einer der bekanntesten Analytiker in Deutschland und ist erst mit sechzig Professor geworden. Ich kannte die Kämpfe und Erniedrigungen und wußte, daß er in vielem so recht hatte gegenüber den anderen. Ich konnte gar nicht anders, als mich mit ihm zu identifizieren und mich über jeden Erfolg zu freuen; aus dieser Situation heraus war sein Triumph dann auch mein Triumph. Wir kämpften ja zusammen für die Psychoanalyse in Deutschland und für den Rückblick in die Vergangenheit. Man versuchte, ihn fertig zu machen, wo man nur konnte. Man haßte ihn für sein Buch ›Medizin ohne Menschlichkeit‹. Er war für mich auch der ungeheuer Angegriffene, der nach Hause kam und erzählte, was die Fakultät ihm wieder nehmen wollte. Er hatte die Psychosomatische Klinik ja nur gekriegt, weil die Amerikaner ihm das Geld dafür gaben. Die Universität wollte ihn nicht, die wollte ihn in den Keller stecken, wo er bitte im Schatten und ganz hinten zu bleiben hätte. Er wurde erniedrigt und gedemütigt. Verstehen Sie, ich konnte mich wirklich hundertprozentig mit ihm identifizieren, wenn er dann auch Erfolge hatte.«

»Ich habe vorhin gesagt, ich hätte oft gespürt, stärker zu sein als er«, fährt sie fort, »aber ich konnte es ja auch sein, weil ich nicht so verletzt und gekränkt wurde wie er. Nun muß man allerdings sagen, daß auch er manchmal eine Art hatte, sein Gegenüber ironisch fertigzumachen — auch mich —, die sehr verletzte. Das habe ich ihm oft gesagt und ihm gezeigt, daß er nicht nur der Verfolgte ist; denn wenn man so mit dem anderen umgeht, kann der gar nicht umhin, gekränkt zu sein und sich rächen zu wollen. Da konnte ich ihm oft helfen. Obwohl er diese Art immer wieder hatte. Er konnte gar nicht anders. Ich haßte es wie die Pest, wenn er so von oben herab war.«

1972 gibt sie zum ersten Mal allein ein Buch heraus. »Müssen wir hassen« — so der Titel — ist in vielen Äußerungen bereits eine feministische Kampfansage. So sehr sie — die Freudianerin — der Behauptung ihres Meisters verhaftet bleibt, daß jedes kleine Mädchen vom Penisneid ergriffen werde, so sehr macht sie andererseits klar, daß nicht die Anatomie, sondern eine sexistische Umwelt schuld an der Unterdrückung der Frau sei. Wie Simone de Beauvoir betont auch Margarete Mitscherlich, daß man zur Frau nicht geboren, sondern von der Gesellschaft dazu gemacht werde. Sie bewundert Freuds Ansatz und verurteilt seine Folgerungen. Spöttisch zitiert sie aus einem Brief, den er an seine Braut schrieb: »... aber die Stellung der Frau wird keine andere sein können als sie ist, in jungen Jahren ein angebetetes Liebchen, und in reiferen ein geliebtes Weib.«

Margarete Mitscherlich ist 55 Jahre alt, als das erste Buch erscheint, das nur ihren Namen trägt. »Natürlich lag mir daran, auch selber zu schreiben, auch selber irgendwie für das, was ich an Arbeit geleistet hatte in dem gemeinsamen geistigen Leben, anerkannt zu werden. Das war mir ein großes Bedürfnis.«

1977 erklärt sie in der ersten Ausgabe von EMMA: »Ich bin Feministin«, ein Bekenntnis, das schockiert. Denn in der Psychoanalyse hat sich die Vorstellung von einer selbstbewußten Weiblichkeit noch nicht durchgesetzt. Im Gegenteil. »Ausgerechnet meine Kolleginnen, die doch wissen sollten, daß Frauen falsche Schuldgefühle haben, falsche Aggressionen, die sie gegen sich selbst wenden, und was für falsche Weiblichkeitsvorstellungen in der Männerwelt herrschen, ausgerechnet sie haben sich im großen und ganzen noch immer nicht von den falschen Vorstellungen von weiblicher Psyche, die in der Analyse gang und gäbe ist, befreit und gelöst. Als Feministin bin ich die Inkarnation der phallischen Frau für sie.« Sie lacht von Herzen. Wer selbstbewußt kämpft, ist eigentlich ein Kerl — so einfach ist das offensichtlich in der Psychoanalyse, wie auch sonst in der Welt.

Alice Schwarzer erinnert sich im Geburtstagsbuch für ihre alte Mitstreiterin: »Ich fand das damals mutig und bemerkenswert. Daß es tollkühn war, begriff ich erst später.«

Und was hat die Tollkühne zu dem Schritt bewogen? »Ich hatte natürlich doch oft eine Wut auf meine männliche Diva und auf diese Männer, die sich immer in den Vordergrund schieben, in der Öffentlichkeit agieren, während die Frauen das Essen auftragen dürfen. Ich habe nie meine Gelüste verheimlicht, die Männer in ihrer Art, wie sie Frauen behandeln, anzuprangern. Für mich war es überhaupt nichts Besonderes zu sagen: ›Ich bin Feministin‹. Ich glaube, ich bin, so lange ich denken kann, Feministin gewesen. Aber es hat mir natürlich Spaß gemacht, das öffentlich zu äußern. Ich dachte, damit könnte ich ein paar Leute ärgern. Es war Lust am Provozieren, die immer ein Teil meiner Person gewesen ist.«

Wollte sie mit dem öffentlichen Bekenntnis zum Feminismus auch andere Frauen ermutigen? »Ich weiß gar nicht, ob ich ein so gütiger Mensch bin, eigentlich nur da, wo ich die Menschen wirklich mag; ich bin gesellschaftlich interessiert, klar, und ich möchte die Welt verändern, aber ›ermutigen‹, das klingt so moralisch, anstacheln liegt mir mehr, Lust zum Kampf zu machen, zum Andersdenken zu animieren: ›Hört doch auf, immer nachzugeben und euch dann noch vorwurfsvoll masochistisch in den

Hintergrund drängen zu lassen — das habe ich immer gehaßt.

Die Aussage, Feministin zu sein, war nicht als Schlag gegen meinen Mann gedacht — vielleicht wäre es ein paar Jahre früher eher so gewesen — sondern mehr gegen meine Kollegen.«

Und wie hat Alexander Mitscherlich in den früheren Jahren auf ihre feministische Friedlosigkeit reagiert? »Ich habe ihm immer gesagt: ›Lieber Alexander, du hast mich eigentlich doch dazu gebracht, die Struktur der Gesellschaft kritisch zu betrachten, du hast mir doch gezeigt, wie viel Unmenschlichkeit und welche untergründigen falschen Ideale nach wie vor dort herrschen. Und wenn ich heute Feministin bin, dann bist du schuld. Ich wäre brav in der Psychoanalyse geblieben.‹ Das hat er sehr wohl kapiert. Aber er hat sich dann doch oft geärgert, wenn ich so eindeutig und radikal vorgegangen bin; vor allem später, als seine geistigen Kräfte nachließen und ich so oft weg war um zu kämpfen. Dabei bin ich in den letzten Jahren sehr, sehr wenig gereist . . .«

Ein kranker Mann, eine kämpferische Frau. Sie müssen beide viel gelitten haben. In ihrem schönen, lebendigen Gesicht erzählen die Falten Geschichten. »Du hast Dich gegen die Verwundungen eines offensiv gelebten Lebens nicht immun machen können«, schreiben Ute und Jürgen Habermas. Sie hat es wohl auch nicht gewollt. Es fällt ihr, deren Beruf es ist, zuzuhören, sichtlich schwer, von sich zu reden. So frei und fließend sie spricht, sobald wir auf Sachthemen kommen, so zögernd, ja fast unbeholfen, müht sie sich mit Antworten zur eigenen Person.

1947 lernt sie den verheirateten Alexander Mitscherlich kennen. 1949 wird ihr Sohn Matthias geboren. Erst sechs Jahre später, 1955, heiraten Alexander Mitscherlisch und Margarete Nielsen. Sie haben schon vorher ein paar Jahre zusammen gelebt — aber heimlich. »Man konnte nicht offen zusammenleben, er war nicht geschieden, das hätte ihn seinen Job kosten können.«

Der gemeinsame Sohn wuchs bis zur Heirat seiner Eltern meist bei seiner Großmutter in Dänemark auf. »Es gab keine Ferien, die ich nicht mit ihm verbrachte, und er war viel in Heidelberg. — Ich hatte immer ein schlechtes Gewissen. Die ersten zwei Jahre hat er bei mir gelebt, aber ich war ja immer berufstätig und furchtbar viel weg — unter anderem eine lange Zeit in London — da wohnte er bei meiner Mutter und bei meinem Bruder und dessen Familie. Mein Sohn hat mir das nie verziehen. Es war schrecklich. Es war mit viel Kummer und viel Schmerz für alle Teile verbunden — aber so war es nun mal. Meine Schwiegertochter hat neulich gesagt, sie könne das nicht verstehen, sie wäre mit dem Kind nach Dänemark gegangen, und wenn sie dort hätte putzen müssen. Aber wissen Sie, ich bin auch keine Masochistin — und ich war immer davon überzeugt, daß mein Sohn nicht glücklich geworden wäre, wenn er eine zerquälte Mutter gehabt hätte. Und doch war es entsetzlich, so eine Trennung ist schlimm. Aber wenn ich nicht gemacht hätte, was ich machen wollte, wäre es womöglich noch schlimmer geworden. Außerdem war meine Mutter so glücklich, er gab ihrem Leben den Hauptinhalt — die beiden liebten sich ja außerordentlich.«

Hat sie sich geschämt, als Frau ehrgeizig zu sein?« Ich weiß gar nicht, ob das so war, ich habe nicht so sehr Ehrgeiz gespürt, ich konnte und wollte nur nicht irgendwo sein, wo ich keine Anregungen bekam, keinen Anstoß zu neuem Denken, wo es keinen Kontakt zur Welt gab — das klingt vielleicht komisch und hochtrabend, aber ohne das hätte ich das Gefühl gehabt, ersticken zu müssen. Das wußte ich ganz genau. Und noch heute denke ich: ›Immerhin hat mein Sohn keine unglückliche Mutter bekommen, obwohl ich über Jahre todunglücklich war, weiß Gott. Aber ich war nie jemand, der nicht gelebt hat. Ich habe immer gelebt.«

Sie hat später viel über die »Opfersucht« von Frauen geschrieben und davor gewarnt, sich von Schuldgefühlen manipulieren zu lassen. Sie wußte, wovon sie schrieb. »Ich hatte ja entsetzliche Schuldgefühle«, sagt sie heute, »und das auf der ganzen Linie, auch bei der Scheidung meines Mannes, da hatte ich doch anderen Unglück gebracht.«

Und dennoch hat ein gesunder Egoismus überwogen. »Wahrscheinlich, wahrscheinlich, ›ja, ja‹, würde mein Sohn sagen, ›du warst ganz schön egozentrisch.‹ Das eine ist so wahr — wie das andere: Ich hatte sicher im Verhältnis zu anderen Frauen ein relativ gesundes Selbstbewußtsein und eine relativ gute Durchsetzungsfähigkeit — ich hatte aber auch viele Komplexe, man konnte mich sehr wohl durch Kritik, die mir unter die Haut ging, total vernichten — nur nicht auf Dauer.«

Ihre Analyse Anfang der fünfziger Jahre bei Balint in London hat sie erkennen lassen, daß sie keineswegs ein »aggressionsloser und unsagbar milder und sanfter Mensch« war, wie sie es damals tatsächlich noch von sich geglaubt hatte. Sie lernte, ihre Aggressionen zu artikulieren. Als sie Alexander Mitscherlich heiratete, wußte er, worauf er sich einließ. Feministinnen, so scheint es, hat er nicht allzusehr geliebt und sich über ihren »charmefreien Verhaltensstil« beklagt.

Fand er unfeministische Frauen anziehend? »Oh, darüber haben wir uns immer wahnsinnig gestritten. Ich war ja auch so eifersüchtig. ›Was ist wichtiger für dich‹, habe ich ihn gefragt, ›daß eine Frau schön ist oder daß sie klug ist?‹ ›Schön‹ hat er natürlich geantwortet« — und sie steckt ihre ganze — nur halb gespielte — Verachtung in ein tönendes Ö, »und ich habe getobt: ›So seid ihr eben, das ist unerträglich an euch, die Frauen können ruhig dumm sein, damit sie ewig von euch abhängig bleiben — und wenn sie immer älter werden, sind sie sowieso nichts mehr wert, das möchtet ihr wohl, sie immer in der Hand haben.‹«

Margarete Mitscherlich war schön und klug. Sie hat ihr gutes Aussehen genossen und findet es »bedauerlich«, älter zu werden und weniger schön zu sein. Hatte sie je Angst, mit zunehmender Aggressivität an sexueller Anziehungskraft zu verlieren? Ein gedehntes doppeltes »Nö, nö, das nicht«, ist die Antwort. »Das habe ich immer lächerlich gefunden, und es hat mich bei meinen doch oft recht intelligenten Patientinnen geärgert, daß sie immer Angst hatten, ihre Intelligenz zu zeigen, weil sie dann womöglich sexuell nicht mehr attraktiv seien. Wie kann man so blöd sein! Diese Angst fand ich immer idiotisch. Also ich meine, von solchen Männern, die es nicht aushalten können, daß ich denken kann, wollte ich gar nicht attraktiv gefunden werden. Was man so unter feminin versteht, eine dauernd charmante Frau — das ist doch entsetzlich, könnten Sie das aushalten? Und dieses Bedürfnis, immer alle Männer für sich einnehmen zu wollen — es gibt doch ohnehin ganz wenige, die man überhaupt nur ertragen kann in seiner Nähe — warum soll ich denn, verzeihen Sie den Ausdruck — blöde Affen charmieren? Man muß ja ehrlich sagen, daß viele Frauen unerträglich sind in ihrer Anpassungsbereitschaft, weil sie aus lauter Angst vor Liebesverlust von jedem geliebt werden wollen. Ich habe nicht die geringste Lust, von jedem geliebt zu werden.«

Das war ihr auch keineswegs beschieden. Im Gegenteil, die unorthodoxe Denkerin und aufmüpfige Mahnerin, die feministische Kämpferin und respektlose Kollegin ist im Laufe ihres Lebens für viele Menschen zum Ärgernis geworden. Sie hat sich, so schreibt Alice Schwarzer, »mit Schwung zwischen alle Stühle gesetzt«.

Die ganz große und ganz böse Hetzjagd begann nach dem Tod von Alexander Mitscherlich. »Ich habe wirklich unglaubliche Dinge erlebt, wie Kollegen versucht haben, mich richtig fertigzumachen. Ich will die alten Dinge nicht öffentlich wieder aufwärmen, aber es war ekelhaft. Es soll Leute gegeben haben. die es quasi bedauerten, daß es bei uns keine Witwenverbrennung gibt. Es wurden sicher auch viele Aggressionen, die Alexander Mitscherlich im Laufe der Jahre auf sich gezogen hatte, nun nach seinem Tod an mir ausgelassen. Als er lebte, war er ein mächtiger Mann, vor dem man Respekt hatte — den hatte man vor mir nicht. Wissen Sie, Männer haben Angst vor der Frau, mit der sie eng zusammenleben, weil ihnen die totale Abhängigkeit von der Mutter noch in den Knochen sitzt, aber im gesellschaftlichen Leben hat man ja viel mehr Angst vor Männern als vor Frauen. Ich bin eine Frau, und nun hatte man das Gefühl, man könne mich aus meinem Praxiszimmer jagen und mich fertigmachen. Viele hatten wohl erwartet, ich würde klein beigeben und aus dem beruflichen und öffentlichen Leben verschwinden und mich als trauernde Witwe schweigend zurückziehen. Ich habe das nicht getan.«

Im Gegenteil. Die »schutzlose« Witwe trat endgültig aus dem Schatten des mächtigen Mannes. In dem 1987 erschienenen Buch »Erinnerungsarbeit« setzt sie fort, was die Mitscherlichs 20 Jahre vorher gemeinsam begonnen hatten, nämlich den Versuch zahlreicher Zeitgenossen zu vereiteln, die jüngste deutsche Vergangenheit als »politischen Spuk von damals« ad acta zu legen. »Die Diagnose gilt noch«, schreibt sie und warnt, daß wenn Verleugnung und Verdrängung an die Stelle eines Durcharbeitens treten, »ein Wiederholungszwang unvermeidbar« sei. Natürlich läßt sie es sich nicht nehmen, auch ihrer eigenen Zunft eins auszuwischen, die es in großen Teilen nach wie vor weit von sich weise, daß auch Psychoanalytiker »trauernde Erinnerungsarbeit« zu leisten hätten.

Stärker als früher betont die Verfechterin weiblicher Wertvorstellungen, daß dort, wo Männlichkeitsideale und sogenannte männliche Tugenden das Feld beherrschen, kaum eine neue und andere Gesellschaft zu erwarten sei. Nur wenn dem Männlichkeitswahn durch die weibliche Fähigkeit der Einfühlung und durch die größere Nähe der Frau zu ihrem Gefühlsleben Einhalt geboten wird, sieht Margarete Mitscherlich eine Chance für Trauer und Wandlung. Doch nicht nur die Deutschen brauchen das weibliche Element, die Welt ist darauf angewiesen, denn die Zukunft ist weiblich oder gar nicht: das ist Margarete Mitscherlichs neueste Kampfansage an die Männer. »Es kommt nicht nur darauf an, will ich damit sagen, daß Frauen die Macht übernehmen, denn das nützt überhaupt nichts, wenn sie männliche Werte weiterhin unterstützen; es ist wichtig, daß weibliche Werte eingeführt werden, wie die Fähigkeit, sich in den anderen einfühlen zu können, das heißt, antihierarchisch zu sein, den anderen verstehen zu können, und das heißt, tolerant zu sein und nicht seine eigenen Aggressionen und Schuldgefühle auf den anderen zu projizieren und zu verschieben, wie es beim typisch männlichen Verhalten gang und gäbe ist. Kriege wurden immer von Männern gemacht, aufgrund von idiotischen Schuld- und Aggressionsverschiebungen. Weibliche Werte, sich einfühlend um Liebe zu bemühen, sind besser für die Menschheit. Uns ist ja wohl allen klar, wenn wir so weitermachen wie bisher, bedeutet das die Vernichtung von uns allen. Die Zukunft ist ganz einfach weiblich, weil die Frauen dazu erzogen wurden, Aggressionen nicht auf Feinde zu verschieben.«

Und da die Psychoanalyse — nach Margarete Mitscherlichs Ansicht — eigentlich eine weibliche Wissenschaft ist, sollte man von ihr an sich Hilfe erwarten können, wenn ihre Kollegen sie nicht immer »vermannen« würden. Da sitzt sie mal wieder zwischen allen Stühlen, weder Feministinnen noch Männer noch Analytiker, egal welchen Geschlechts, werden sie für diese Thesen lieben. »Ich will auch ärgern«, sagt sie trotzig.

Und wo findet die Einzelkämpferin Geborgenheit? »Hm, Geborgenheit, das weiß ich nicht, ob ich irgendwo Geborgenheit finde, ich habe sehr viele nette Freunde, aber Geborgenheit wäre zu viel gesagt; — nirgendwo.« Hatte sie die bei Alexander Mitscherlich? »Ja, ja, eine lange Zeit habe ich wirklich Geborgenheit gehabt.«

Er war der Mann an ihrer Seite, ein typischer Mann mit vielen Vorurteilen, aber immer bereit, sich damit konfrontieren zu lassen.

Sie war die Frau an seiner Seite, aggressiv und loyal hat sie gegen und für ihn gewütet. Sie haben voneinander gelernt, haben miteinander dazugelernt. »Wenn ich so zurückdenke«, sagt sie versonnen, »habe ich ihm gegenüber — bei allen Auseinandersetzungen und bei aller Wut, die ich oft auf ihn hatte, ein grundlegendes Gefühl der Dankbarkeit.«

Hiltrud Schröder

von Helga Märthesheimer

Hiltrud Schröder, *38, ist seit drei Jahren mit Gerhard Schröder verheiratet, dem SPD-Vorsitzenden in Niedersachsen.*
Sie hat zwei Töchter aus ihrer ersten Ehe.
In der SPD ist sie seit 1978.
Sie studiert in Hannover Politik und Sozialwissenschaft; geplanter Abschluß: Magister

Draußen: klirrender Frost. Drinnen: Blumen, Big Band, gedeckte Tische für ein Essen mit vier Gängen, Damen und Herren in festlicher Garderobe, lange Abendkleider, Smokings, Fräcke. Zum Auftakt: ein schmissiger Can-Can, getanzt vom Theaterballett. Landespresseball in Hannover: ein gesellschaftliches Ereignis. Da ist Präsenz angezeigt und Lächeln — auch für den SPD-Vorsitzenden von Niedersachsen, Gerhard Schröder und seine Frau Hiltrud.

Wer die Tischordnung für den Abend entworfen hat, muß davon ausgegangen sein, daß politische Fronten auch beim Feiern einzuhalten sind. Die Schröders, begleitet von dem designierten SPD-Vorsitzenden Hans-Jochen Vogel, sind jedenfalls weit weg plaziert von Ernst Albrecht, dem Ministerpräsidenten von Niedersachsen und seiner Frau Heidi-Adele. An deren Tisch sitzt Gesundheitsministerin Rita Süssmuth, die in Göttingen ihren Wahlkreis hat.

Bei der offiziellen Begrüßung der mehr oder weniger prominenten Gäste durch den Vorsitzenden der Landespressekonferenz kommen Gerhard Schröder und seine Frau ebensowenig vor wie Vogel: die Oppositionsführer von Hannover und Bonn werden schlicht übersehen. Das sei so üblich, sagt Hiltrud Schröder, als ich mich erkundige, ob das Schusseligkeit ist oder Absicht: »Hier wird der Ministerpräsident von Niedersachsen begrüßt und dann noch die Landesminister. Und das war's.«

Hiltrud Schröder fällt auf durch raffiniertes Understatement. Sie trägt ein hochgeschlossenes, enges graues Seidenkleid, dessen Clou — ein seitlicher Schlitz von beachtlicher Kühnheit — erst beim Tanzen sichtbar wird. Ihre schulterlangen dunklen

Haare hat sie hochgesteckt, kein Schmuck außer einer kleinen Biedermeierkette. Amüsiert sie sich?

»Also, zu allzu vielen Bällen bin ich noch nicht gegangen, das ist eine Pflicht für mich, dahinzugehen. Zum Vergnügen komme ich hier nicht her. Es gibt zwar ein bißchen Vergnügen dabei, aber das ist nicht der Hauptgrund, warum ich hier bin.«

Ganz knapp hat die SPD mit ihrem Spitzenkandidaten Gerhard Schröder 1986 bei den Landtagswahlen in Niedersachsen den Sieg verfehlt. Nur einen Sitz mehr hat die CDU, aber damit ist Ernst Albrecht Landesvater geblieben und seine Frau erste Dame des Landes — »Landesmutter« — eine Rolle, die sie auch im Abendkleid mit dezentem Rückendecolleté und Perlenkette perfekt aufs Parkett legt.

Hiltrud Schröder lacht, als ich sie frage, ob sie sich in dieser Rolle wohlgefühlt hätte:

»Also als Landesmutter hätte ich mich auch nicht gesehen. Mutter zweier Kinder — ja, aber Mutter eines ganzen Landes — das stelle ich mir schrecklich vor.«

Befremdet verfolgt sie, was zwischen dem Dessert und einem Auftritt von Howard Carpendale inszeniert wird: eine Schar »höherer Töchter«, alle in weißem Tüll mit rosa Schleifen im Haar, werden in die sogenannte Gesellschaft eingeführt. Zur Erinnerung ans Debut überreicht Frau Albrecht den Teenagern, die an der Hand ihrer Väter niedlich vor ihr knicksen, ein goldenes Armband.

»Ich finde das überhaupt nicht gut, und für uns käme das auch nicht in Frage. Ich glaube auch nicht, daß unsere Töchter das mitmachen würden. Und ich muß sagen: wenige Kinder in eine Gesellschaft einzuführen, während Tausende, Zigtausende außen vorbleiben müssen, keine Ausbildungsplätze bekommen, das halte ich also für völlig falsch, um es zurückhaltend auszudrücken.«

Repräsentieren an der Seite ihres Mannes: manchmal muß das sein. Ansonsten sucht sich Hiltrud Schröder die Veranstaltungen aus, die sie gemeinsam mit ihm besucht; wenn sie mitgeht, dann aus eigenem Interesse. Zum Beispiel zum Neujahrsempfang der SPD in Hannover: eingeladen sind Menschen, die über Weihnachten gearbeitet haben. Oder zur Friedensdemo in Bonn im Juni 1987: auch die SPD hat zur Teilnahme aufgerufen, Hans-Jochen Vogel wird im Hofgarten sprechen. Das sind Anlässe, die ihr wichtig sind, politisch wichtig.

Hiltrud Schröder ist seit 1978 SPD-Mitglied; bei der Parteiarbeit lernte sie auch ihren Mann kennen. Im Landtagswahlkampf 1986 hat sie ihn aktiv unterstützt, hat auf Parteiveranstaltungen gesprochen, eine Wählerinitiative ins Leben gerufen. Mit welchen Gefühlen geht man nach Hause, wenn es trotz dieses Engagements nicht reichte — so knapp nicht reichte — Niedersachsen für die SPD zu gewinnen?

Das war schon bitter, weil ich eine ganze Menge dafür getan habe, mich sehr eingesetzt habe, weil ich wollte, daß das geändert wird in Niedersachsen, endlich. Und dann ist das schon bitter, wenn es nur um ein Mandat verfehlt wurde.«

Wir haben sie begleitet, als sie vor der Bundestagswahl 1987 wieder für die SPD unterwegs war, auf vereisten Straßen, bei 20 Grad unter Null. Aber vom Wetter hat Hiltrud Schröder ihre politische Moral nie abhängig gemacht. Eine der bemerkenswertesten Eigenschaften dieser zierlichen Person — knapp ein Meter sechzig, keine hundert Pfund — ist ihre Zähigkeit, ihre Beharrlichkeit. In Einbeck bei Hannover — Biertrinkern ein Begriff — will sie die örtliche SPD-Kandidatin unterstützen, die den Wahlkreis übrigens gewonnen hat. Mehr Frauen in die Politik ist das Thema des Abends.

Hiltrud Schröder weiß, daß sie persönlich privilegierter ist als die meisten Frauen:

»Ich bin nicht nur, weil die Kinder jetzt relativ erwachsen sind, in einer besseren Position, sondern auch die materiellen Bedingungen sind für mich einfach besser. Denn die Frau eines VW-Arbeiters hat es doch wesentlich schwerer als ich, ihre Gleichberechtigung durchzusetzen, ihre Möglichkeiten nutzen zu können. Ich habe mir mein Stückchen Gleichberechtigung zwar auch erkämpft, hab's aber einfacher als jemand, der materiell noch mit Schwierigkeiten zu kämpfen hat.«

Sie ist in der Arbeitsgemeinschaft Solzialdemokratischer Frauen, sie kennt ihre Partei, die sich bei der Einführung von mehr Gleichberechtigung für Frauen in politischen Ämtern ja auch nur langsam bewegt, sie kennt die allgemeinen Vorurteile und die besonderen, die auf sie, die Frau von Gerhard Schröder, gemünzt sind:

»Liebe Genossinnen und Genossen, meine Damen und Herren. Ich habe im Landtagswahlkampf im vergangenen Jahr viele solcher Veranstaltungen gemacht. Und weil ich glaube, daß das nicht geschadet hat, habe ich mir vorgenommen, das weiter zu tun. Gleich zu Anfang dieser Veranstaltungen bekam ich den Satz zu hören: Muß das denn sein, daß sich die Frau jetzt auch noch da mit reinziehen läßt? — Diesen Satz hatte ich erwartet, aber ein bißchen hat er mich schon aufgeregt. Aufgeregt deshalb, weil dieser Satz ein Frauenbild zeichnet, das doch eigentlich überholt sein sollte. Ein Frauenbild, das noch in vielen Köpfen von Männern und auch einigen Frauen spukt, nämlich, daß die Frau zu Hause zu bleiben hat und ansonsten den Mund hält. Ich halte nicht meinen Mund, ich will mich einmischen; ich lasse mich nicht »reinziehen«, ich will das von allein. Ich halte mich nicht raus aus der Politik, und das nicht erst, seit ich mit einem Politiker verheiratet bin. Ich mische mich ein, weil es gute Gründe dafür gibt. An erster Stelle steht da für mich die Gleichstellung und Gleichbehandlung von Frauen in unserer Gesellschaft. Aber der Weg zur Parität ist noch weit und wird uns sicher nicht freiwillig geebnet, weil es auch da heißt: Für jeden Platz, den eine Frau besetzt, muß ein Mann abtreten. Frauen in der Politik: das heißt für mich, daß sie alle Politikbereiche besetzen und sich nicht auf Frauenfragen allein abdrängen lassen.«

Mehr Frauen in die Politik, Gleichberechtigung für Frauen: die alte Frage, wie sich Beruf, Familie, Kinder miteinander vereinbaren lassen, sie wird auch an diesem Abend wieder gestellt. Ihre Zuhörerinnen wollen wissen, wie das denn zu Hause, bei den Schröders, mit der Partnerschaft und Arbeitsteilung aussieht. Tut er was im Haushalt?

»Wenn Partnerschaftlichkeit auf unsere Familie übertragen wird, muß ich sagen, ist das noch nicht vollzogen. Das soll jetzt kommen, nach der Bundestagswahl, nach dem 25. Januar; er sagt, er hätte dann wieder mehr Zeit, mehr, als ich wahrscheinlich von ihm verlangte. Ich warte da erst mal ab. Ihm wird sicher etwas einfallen. Aber ich muß zugeben, daß er sich, wenn seine Zeit es zuläßt, intensiv um die Familie kümmert und auch eine Menge zu Hause macht.

Aber tagsüber sieht das schon ein bißchen anders aus. Und ich muß mir wirklich Zeit abknapsen für die Bereiche, die mir wichtig erscheinen, denn zum größten Teil muß ich mich selber um die Kinder kümmern. Aber warte eben auf die Zeit, wo er sagt: So, jetzt mache ich das hier zu Hause und du machst das außerhalb des Hauses. Ich bin sehr gespannt.«

Heiterkeit im Saal, besonders bei den Frauen, Applaus für Hiltrud Schröder. Und: Auftritt Gerhard Schröder, der just in diesem Augenblick, als habe er aufs Stichwort gewartet, in der Tür steht. Er war auf einer anderen Wahlveranstaltung in der Nähe und kommt, wie er sagt, »nur als Fahrer«, um seine Frau abzuholen.

Das wird im Sinne der gerade besprochenen Arbeitsteilung anerkennend beklatscht. Und weil er schon mal da ist, klönt er auch noch ein bißchen mit den Genossen. Aber die Schau stiehlt er ihr nicht.

Wie groß ist ihr eigener politischer Spielraum?

Was passiert, wenn sie Aussagen macht, die ihr Mann so nicht formulieren würde?

»Ich spreche das nicht mit ihm ab. Darum kann das auch ganz anders klingen als das, was er zu demselben Thema sagen würde. Auf die Position meines Mannes gedenke ich weniger und weniger Rücksicht zu nehmen, muß ich sagen, weil die Probleme, die wir haben, so wichtig sind, daß man auf solche Sachen keine Rücksicht mehr nehmen darf. Auf die Funktion des Mannes innerhalb einer Partei oder auf eine Karriere, die gemacht werden soll, darauf Rücksicht zu nehmen, das sehe ich überhaupt nicht ein. Im Moment ist es für mich wichtig, ohne Mandat und ohne Funktion politisch zu arbeiten. Für mich ist es wichtig, von unten, von der Basis her, die Leute zu mobilisieren, weil mir das wichtiger erscheint, als das aus einer Funktion heraus zu machen. Weil — da wäre ich auch schon wieder eingebunden, da müßte ich, um Mehrheiten für mich und eine bestimmte Politik zu kriegen, auch Abstriche machen. Und ich will im Moment überhaupt keine Abstriche machen.« Unerschrockene Kämpferin — oder politische Idealistin?

Die Schröders leben in Immensen, eine halbe Stunde von Hannover entfernt, ländlich, aber nicht abgeschieden. Sie ist in dieser Gegend geboren und aufgewachsen. Das Haus, das sie gekauft und umgebaut haben, bleibt im dörflichen Rahmen, bewacht von dem Neufundländer »Guiness«, einem riesigen schwarzen Ungetüm mit dem Gemüt eines Schoßhundes. Eine Plastik im Vorgarten — die Figur eines pflügenden Bauern — verrät das Kunstinteresse der Bewohner und war bereits mehrfach Anlaß zu heiteren Mißverständnissen: Dorfbewohner glaubten den Hausherrn bei der Arbeit und wunderten sich, warum er nicht zurückgrüßte. Auf politisches Engagement weist die blau-weiße Denkmalschutzplakette an der Haustür hin: es ist mehr als ein Gag, daß die Schröders ihr Domizil zur atomwaffenfreien Zone erklärt haben. Eine Familie sind sie seit drei Jahren, mit zwei Töchtern aus ihrer ersten Ehe, der sech-

Patch

zehnjährigen Wiebke und der zehnjährigen Franca.

»Wir leben hier sehr normal«, sagt Hiltrud Schröder, »gerade hier in unserem Dorf fühlen wir uns nicht bestaunt und begafft, hier kennen sich eh alle Leute untereinander. Die Kinder merken auch nichts von einer Außenseiterrolle. Und das ist ganz wichtig.«

Freilich hat sie auch erlebt, wie das ist, wenn Politik vor der Familie nicht halt macht und Privates in die Öffentlichkeit gezerrt wird. Das war im Landtagswahlkampf 1986, als die CDU sie gehässig »die derzeit dritte Frau Schröder« nannte:

»Wir haben immer versucht, die Kinder möglichst rauszuhalten aus der Politik. Und im Wahlkampf hier in Niedersachsen ist das so gewesen, daß halt die CDU eine Kampagne gemacht hat gegen uns, gegen meinen Mann, der in dritter Ehe verheiratet ist und ich in zweiter, und da haben die Kinder sehr drunter gelitten. Vor allen Dingen die ältere, der dann in der Schule gesagt wurde, für uns seid ihr gar keine richtige Familie, und das fand ich alles sehr schlimm. Erwachsene und auch Beteiligte können sich dagegen wehren und müssen das auch aushalten, wissen auch, worauf sie sich eingelassen haben. Aber sowie Kinder da mitbeteiligt sind, finde ich, wird das ganz schlimm.«

Familie: das soll ein intakter Bereich bleiben. Deshalb schränkt Hiltrud Schröder ihre Tätigkeit für die Partei ein und hat den Kindern zuliebe auch Pausen eingelegt bei ihrem Studium — Politik und Sozialwissenschaft.

Mit ihren Kommilitonen ist sie im letzten Semester gegen die Bafög-Streichungen auf die Straße gegangen; die in Niedersachsen erwogene Studiengebühr für länger Studierende empfindet sie als weitere ungerechtfertigte Härte. Deshalb hat sie mitgestreikt:

»Ja sicher. Dieses Semester war ein Streiksemester, und es trifft mich in zweierlei Weise. Erstens studiere ich auch schon ziemlich lange — zwar mit Unterbrechungen, und dann kommt hinzu, daß noch eine Gebühr erhoben werden soll für Senioren. Das muß man sich mal überlegen. Das trifft dann auch wiederum gerade Frauen, die zuerst ihre Kinder geboren und aufgezogen haben und dann überlegen: vielleicht ein Zweitstudium oder überhaupt ein Studium. Und die sollen plötzlich eine Gebühr bezahlen — das finde ich nicht in Ordnung.

In einem Jahr hofft sie, fertig zu sein. Geplanter Abschluß: Magister.

»Mein Studium läßt sich sehr gut vereinbaren mit den politischen Aktivitäten, die ich habe und vor allem auch mit dem Familienleben. Ich muß das alles raffen. Aber in der Zeit, in der ich an der Uni bin am Vormittag, sind die Kinder in der Schule. Und für sie ist es wichtig, daß ich am Nachmittag da bin und daß ich auch abends mal zu Hause bin.«

Eigene Ambitionen nicht vernachlässigen, für Kinder und Haushalt sorgen, Frau an der Seite eines gewiß nicht unehrgeizigen Politikers sein, der außer seinem Landtagsmandat aus Gründen der Unabhängigkeit auch noch eine Anwaltskanzlei betreibt: da ist eine ganze Menge unter einen Hut zu bringen. Hat Hiltrud Schröder zurückstecken müssen — nach dem Motto: »Männer, die Karriere machen, tun das auf dem Rücken ihrer Frauen?«

»Also auf meinem Rücken macht mein Mann keine Karriere. Das würde er nicht wollen. Und ich glaube, ich bin auch nicht der Typ, mit dem man das machen kann.«

Daß es gelingt, die Familie nicht zu kurz kommen zu lassen, hat sicher auch damit zu tun, daß Gerhard Schröder nicht — wie viele Bundestagsabgeordnete — nur am Wochenende zu Hause ist. Falls es sich durch politische Entwicklungen ergeben könnte, daß ihr Mann nach Bonn geht — würde sie das gern sehen? An Hiltrud Schröders nachdenklicher Miene ist abzulesen, daß das eine schwierige Frage für sie ist:

»Das würde schon das Familienleben beeinträchtigen, und ich würde das gar nicht wollen im Moment, denn ich habe meinen Bereich hier im Umkreis von Hannover. Und für die Kinder ist das auch ganz wichtig, jetzt hier zu bleiben, in der Schule, bei den Freunden im Dorf...«

Aber sie würde mitgehen?

»Das weiß ich nicht, ob ich im Moment... Also, das ist eh auszuschließen, ganz sicher bis zur nächsten Landtagswahl hier in Niedersachsen, denn ich finde, man kann so etwas nicht machen, in der Mitte der Zeit sagen, so, jetzt wird es mir ein bißchen langweilig, jetzt mache ich was anderes. Das kommt für Gerd auch nicht in Frage. Von daher brauchen wir darüber gar nicht weiter zu diskutieren. Aber ich würde es auch nicht machen, jedenfalls nicht die nächsten zwei, drei Jahre, bis ich hier fertig bin mit meinem Studium und die Kinder die Schule beendet haben oder in einen anderen Ausbildungsbereich wechseln möchten.«

Weil die Schröders die berufsbedingten Zwänge eines Politikerdaseins kennen, nehmen sie sich bewußt Zeit für Familie und gemeinsame Aktivitäten. Im letzten Jahr haben sie angefangen, Tennis zu spielen, und Hiltrud Schröder findet daran gut, daß eine weitere Stunde Zusammensein mit ihrem Mann dabei herausspringt. »Und es beugt den Politikerbäuchen vor.«

Er zieht prompt seinen Bauch ein. »So schlimm ist das noch gar nicht.« Eigentlich spielt er lieber Fußball. »Aber Tennis können wir zusammen machen, und es macht auch Spaß — wobei ich mit mehr Kraft spiele und sie gemeiner.« Worauf sie kontert: »Wir wollen beide gewinnen.«

Sie laden gern Gäste zu sich nach Hause ein — am liebsten solche, deren Beruf nicht die Politik ist. Da wird Politik nicht ausgeklammert, aber man redet anders, nicht in den Sprachhülsen und Leerformeln des Politikbetriebes, sondern kritisch, offen, kontrovers. Blickverengungen verhüten, wahrnehmungsfähig bleiben auch für Literatur, Bilder: darauf legen beide Wert.

»Wir sind beide sehr kunstinteressiert, das hat sich dann so ergeben. Bei mir ist das schon in der Schulzeit so gewesen. Ich habe selbst gemalt, dann aber gefunden, daß es nicht ausreicht, um vorgezeigt zu werden. Und mein Mann hat auch irgendwann angefangen zu sammeln. Und das ist etwas, was wir beide zusammen mit sehr viel Spaß machen und auch manchmal mehr kaufen, als wir uns leisten können. Und wir sind halt auch gern mit Künstlern zusammen. Das ist ganz wichtig für uns neben diesem Bereich Politik, wo man immer wieder nur

Politiker trifft, auch einen ganz anderen Bereich zu haben, und das ist dieser Bereich zusammen mit Künstlern.«

Befreundet sind sie zum Beispiel mit den Malern Uwe Bremer und Karl Schaper, die beide in der Nähe leben. Gekauftes, Geschenktes hängt an den Wänden des Wohnzimmers. Lebensgroß, hinter Gerhard Schröders Arbeitstisch: sein Portrait, das Johannes Grützke voriges Jahr gemalt hat.

»Der ist also hier bei uns gewesen, und es sollte eigentlich ein Werbespot werden für den Wahlkampf in Niedersachsen, es sollte gezeigt werden, wie Johannes Grützke meinen Mann malt. Aber als das Bild dann fertig war, haben wir uns überlegt, daß das vielleicht doch nicht so gut wäre, das im Fernsehen rüberzubringen als Werbespot, weil — in diesem Bild steckt schon drin — meine ich jedenfalls — wie man werden kann als Politiker und wie zu werden man unbedingt vermeiden sollte.«

»Schön« im Sinne eines Werbespots ist dieses Bild sicher nicht. Bullig, fast halslos, sitzt Gerhard Schröder da. Macht — so vermittelt sich dem Betrachter, ist nicht kostenlos zu haben, hinterläßt Spuren bis in die körperliche Haltung, bis in den schmal gewordenen Mund.

Hiltrud Schröder begreift das als Warnung vor einer möglichen »deformation professionnelle«. »Mein Mann ist ganz zufrieden mit der oberen Partie — die Augen und Stirn und Haare, das ist alles so getroffen, daß er sagen könnte: Ist in Ordnung. Aber der untere Bereich, da ist eben etwas drin — und das finde ich ja das Tolle gerade bei Künstlern, die haben so ein Gespür dafür, was sich entwickeln kann, es muß nicht sein, aber es kann sich entwickeln — und das ist schon böse, was sich da im unteren Bereich abspielt.«

Die Einladung zur Eröffnung von André Hellers Kunstspektakel »Luna Luna« auf der Hamburger Moorweide, gesponsert von einer Illustrierten, die bisher nicht durch besonderes Kunstinteresse von sich reden machte, haben beide gern angenommen — nicht nur, weil ein André-Heller-Lied sozusagen die Begleitmusik war, als sie sich kennenlernten. Sie kennen auch Roland Topor, der einen der Pavillons gestaltet hat: eines seiner Bilder hängt bei ihnen zu Hause. Von den Hamburger Lokalpolitikern, die zur Premiere erschienen sind, zerrt Hiltrud Schröder ihren Mann entschlossen fort: wie ein Kind genießt sie die Rummelplatzatmosphäre mit Karussells und Zauberbuden, mit Gauklern, Akrobaten, Feuerschluckern — einen Wetterbeschwörer hätte man noch gebraucht, um den Regen abzuwenden, der ausgerechnet am Eröffnungsabend Akteure und Publikum durchnäßt. Doch dieses Mißgeschick vermasselt ihr die Laune nicht. 38 Kunstspielzeuge von Dali, Beuys, Roy Liechtenstein, David Hockney, Daniel Spoerri, Georg Baselitz: Heller hat es fertig gebracht, 20 international bekannte Künstler zu versammeln und unter freiem Himmel eine Phantasie- und Fabelwelt aufzustellen, und Hiltrud Schröder läßt sich einfangen, staunt, spielt mit. Eine lange Warteschlange drängelt sich vor einem Objekt, genannt Thermometer der Liebenden. Die Skala hat es in sich: sie reicht von Einsamkeit, Askese über Sehnen, Ängstlichkeit bis zu Graden wie untragbar, verrückt, zugrunde gehen. Hiltrud Schröder legt

Hand an, um zu erfahren, bis wohin sie getrieben werden könnte. Bei »verrückt« bleibt das Thermometer stehen: ihr Mann lacht und meint, das müßte man für die Enkelkinder photographieren.

Ein Pantomimenpärchen fasziniert sie besonders: Brautleute sind es, er im Frack, sie mit Schleier und Kranz. Unbeeindruckt schleppen sie sich durch das aufgeweichte Gelände, die herkömmlichen Rollen sind vertauscht: sie — aufrechten Ganges — hat ihn am Arm, stützt ihn, hält ihn. Und Hiltrud Schröder kommentiert das Bild: »Schau mal: Die Frau an seiner Seite.«

Mit ihrer Rolle als Frau eines auch bundesweit bekannten Politikers hat sie keine Schwierigkeiten — im Gegenteil:

»Also ich muß sagen, verheiratet sein, das sollte in erster Linie Lust bedeuten, Last kommt eh immer dazu. Aber gerade mit einem Politiker verheiratet zu sein, hat auch Vorteile. Jedenfalls für mich, denn als die Frau von Gerhard Schröder kann ich mehr Leute erreichen, es kommen einfach mehr Leute, wenn ich Veranstaltungen mache, als wenn ich einfach nur Hiltrud Schröder wäre, ohne den Oppositionsführer in Niedersachsen zum Mann zu haben. Ich nutze das einfach, weil es mir die Gelegenheit gibt, Dinge, die mir wichtig sind, Dinge, die ich sagen will, Dinge, für die ich eine Mehrheit finden will, dann vor diesem etwas größeren Publikum zu sagen.«

Mehrheiten auch außerhalb von Parteien finden, Bürgersorgen öffentlich machen: Sie ist Mitglied einer Bürgerinitiative, die seit einem Jahr gegen die geplante Anlage einer Giftmülldeponie in der Nachbarschaft kämpft. Da vereint sie sich mit anderen

Gleichgesinnten, Umweltbewußten und sieht es als Vorteil an, daß Parteibindungen dabei nebensächlich sind: »Das ist ein buntgemischter Haufen. Das sind Bauern aus der Umgebung. Und auch CDU-Mitglieder machen mit, Grüne, also ganz gemischt. Alte, Junge, alles ist dabei.«

Umweltschutz ist neben Abrüstung für sie eines der vorrangigen politischen Probleme:

»Was da an Umwelt zerstört worden ist — und weiter zerstört wird, obwohl man inzwischen weiß, was passiert. Wenn man nur daran denkt, daß unser Grundwasser derart belastet ist — und trotzdem wird weiter Gift auf die Felder getragen, wird Gift aus den Schloten in die Luft abgesetzt. Und das ist ein ganz wichtiger Bereich, weil wir damit im Grunde genommen die Lebensmöglichkeiten für unsere Kinder zerstören — auch dadurch, was dann im Boden abgelagert wird an Atommüll und an giftigen Abfällen.«

In der Nähe liegt die bundesweit bekannt gewordene und berüchtigte Giftmülldeponie Münchehagen.

»Und unsere Deponie — ich sage da auch nicht: Sondermülldeponie, sondern Giftmülldeponie — soll nach dem gleichen Muster eingerichtet werden. Man weiß, wie das daneben gegangen ist, und wie das Grundwasser belastet worden ist. Trotzdem wollen sie hier das gleiche machen. Es gibt genügend Experten, die sagen, daß das nicht geht, weil die Tonschicht nicht dicht genug ist, um die Stoffe zurückzuhalten. Und deswegen bin ich in dieser Bürgerinitiative, die sich dagegen wehrt. Das ist für mich wirklich ein ganz wichtiger Punkt, so etwas verhindern zu können, und zwar vor Ort. Und ich bin dafür, daß das nicht nur hier nicht gemacht wird, sondern auch anderswo nicht. Man muß das so entsorgen, daß das keine Gefahren in sich birgt.«

»Hat sie schon Pläne, was sie nach dem Studium machen will?

»Also das wird sehr schwierig sein, vor allen Dingen für mich auch deshalb schwierig, weil ich mich nicht irgendwo reinhieven lassen möchte. Und ich kenne ja die Studenten, die mit mir zusammen die Seminare besuchen und weiß, in was für Wartelisten man sich eintragen muß. Und ich würde mich da auch in die Wartelisten eintragen, und zwar genau an die Stelle, an die ich gehöre, und mich nicht nach vorne schieben lassen. Unmöglich.«

Ihre politischen Überzeugungen hat Hiltrud Schröder nicht erst, seit sie mit Gerhard Schröder verheiratet ist. Könnte sie sich vorstellen, selbst aktiv in die Politik zu gehen, selbst ein politisches Mandat zu übernehmen?

»Ja, das kann ich mir vorstellen. Sehr gut vorstellen sogar. Nur im Moment möchte ich es nicht tun. Ich habe jetzt mehr Freiheit in dem, was ich machen kann. Ich hätte das nicht mehr in dem Maße, wenn ich mich in einem politischen Amt betätigen würde, da müßte ich dann doch anfangen, mich so ein bißchen anzupassen an das, was die Partei vorgibt. Jetzt kann ich versuchen, ganz unbedarft Einfluß auszuüben und die Parteimeinung mit in die Richtung zu bringen, die ich für die richtige halte — mehr, als wenn ich ein Mandat ausübe. Es muß ja nicht sein. Ich bemühe mich auch, in dieser Bürgerinitiative die Leute empfänglicher zu machen für das, was wir hier an Problemen haben, damit mehr Menschen auch Druck auf Politiker ausüben. Ich halte das für sehr wichtig.«

Gibt es so etwas wie eine »weibliche Politik?« Würden Frauen manches anders machen?

»Sie würden es sicher auf ihre Art machen — und die Art der Frauen ist eine andere. Frauen haben dieselbe Kraft wie Männer, aber eine andere Kraft, glaube ich. Und worauf Frauen genauso achten müssen wie Männer in der Politik: daß sie sich nicht einzwängen lassen, daß sie offenbleiben für alles. Ich glaube, da haben Frauen dieselben Probleme, daß sie sich nicht in diesem Amt vermarkten lassen.«

Ist sie manchmal linker als er, linker auch, als die SPD erlaubt? Sie lacht. Und wird gleich wieder ernst. Ihr Gesicht, ihre Augen, machen alles mit, was sie denkt. »Ja, linker als die SPD würde ich schon auf jeden Fall sagen — und ich glaube auch, linker als mein Mann.«

Mechthild Töpfer

von Mascha M. Fisch

Mechthild Töpfer, *49, ist Lehrerin für Englisch und Geschichte.*
Sie ist verheiratet mit dem derzeitigen Bonner Umweltminister Prof. Dr. Klaus Töpfer (CDU) und hat drei Kinder.

Zu beiden Seiten des schmalen Pfades hohe Hecken. Kein Zaun, keine Gartenpforte, kein Polizist mit undurchdringlicher Miene und zähnefletschendem Wachhund bei Fuß. Urplötzlich steht man vor der Haustür. »Töpfer« ist da zu lesen, in großen, schmiedeeisernen Buchstaben. Und neben der Klingel klebt ein handgeschriebener Zettel: »Niggemeyer um die Ecke«.

Die Hausherrin öffnet persönlich. In einem hellen Kleid, ohne Schuhe (»ich laufe am liebsten barfuß«) steht sie vor mir, streckt freundlich die Hand aus, lacht: »Gut, daß Sie so pünktlich sind. Gerade ist der Tee fertig, und einen Pflaumenkuchen habe ich auch gebacken. Er ist noch warm. Sie essen doch ein Stück mit. Bitte, kommen Sie rein.«

Innerhalb weniger Minuten hat man vergessen, daß man bei der Gattin eines Bundesministers zu Besuch ist. Man sitzt an einem runden Tisch auf der Terrasse draußen — es ist ein schöner Herbstnachmittag, und die Sonne schickt noch recht wärmende Strahlen durch die weit verzweigten Bäume des Gartens.

Sohn Peter, siebzehn Jahre alt, setzt sich zu mir, erzählt, daß er erst seit ein paar Tagen wieder zu Hause ist. Er war in England, ein halbes Jahr lang, der Sprache wegen und des Landes. Jetzt macht er hier die Schule weiter und das Abi. Er freut sich, wieder daheim zu sein. Schade nur eben, daß der Vater so wenig zu Hause ist und fast keine Zeit für die Familie hat.

»Ja, ja, unser Vater«, seufzt Mechthild Töpfer, eine große Platte mit Pflaumenkuchen durch die Terrassentür balancierend. »Der ist schon ein Kapitel für sich. Den sehen wir alle viel zu selten. Aber nicht erst, seitdem er in Bonn Umweltminister ist. Es war schon immer so.«

Mechthild Töpfer, 1939 in Höxter geboren, lernte ihren Mann, Professor Dr. Klaus Töpfer, bereits in der Oberprima kennen. »Wir waren in der gleichen Klasse, also Klassenkameraden. Damals war es ja unmöglich, einfach so mit einander zu gehen. Höxter ist ein kleiner Ort. Das war noch nicht so wie heute. Stellen Sie sich vor, das Gerede, die Lehrer, o Gott, o Gott, was waren das noch für Zeiten.«

Aus der Schulkameradschaft wurde später eine enge Freundschaft. »Klaus ging nach dem Abitur zur Bundeswehr und kam jedes Wochenende nach Hause, so daß wir uns sehen konnten. Und so etwas festigt natürlich eine Freundschaft. Jedenfalls stand es sehr bald für uns fest, daß wir zusammen bleiben wollten. Klaus fing sein Studium in Frankfurt an, und das war natürlich auch wieder so eine Sache. Meine Eltern wären Kopf gestanden, wenn wir am gleichen Ort studiert hätten. So ging ich nach Marburg. Mit dem Hintergedanken natürlich, daß wir uns auf diese Weise immer besuchen konnten. War ja keine Entfernung.«

1962 war Verlobung, und die beiden zogen nach Münster. Dort machte Mechthild ihr erstes Lehrer-Examen in Englisch und Geschichte, nach der Heirat drei Jahre später ihr zweites. »Mein Mann ist Volkswirt und — ach ja, wissen Sie — es war schon schön damals. Er nahm eine Assistentenstelle an bei einem Professor, der später ein bekannter Ordinarius geworden ist und auch dem Rat der Fünf Weisen angehörte. Aber mir war damals schon klar, daß mein ehrgeiziger Mann beruflich noch große Pläne hatte und weiter wollte.«

Durch den Garten kommen zwei Mädchen. »Das sind meine beiden Töchter, Katharina und Teresa. — Kommt, wollt ihr auch ein Stück Kuchen?« — Ja, wollen sie. Aber dann möchten sie ins Haus, fernsehen. Mechthild Töpfer erlaubt es. »Fernsehen ist zwar bei uns klein geschrieben, und nach acht Uhr darf auch nur noch mit spezieller Erlaubnis geguckt werden. So was wie »Einer wird gewinnen« oder »Wetten daß . . .«

»Niggemeyer ist mein Mädchenname«, sagt sie, als ich nach dem Zettel an der Klingel frage, »und seit kurzem wohnen meine Eltern auch hier. Was mir eine große Hilfe ist. Die schauen dann gerne abends mal nach den Kindern, wenn ich weg möchte, auf diese Weise bin ich doch nicht so angebunden.«

Was sagt denn die Mutter so zur Tochter, wenn sie ihrer beiden Leben vergleicht? »Die hat mich ehrlich immer beneidet«, ist die spontane Antwort. »Vor allem, daß ich alles machen kann, wie ich es gerne will. Sie wäre nämlich früher auch gerne berufstätig gewesen. Auf der anderen Seite natürlich sagt sie oft: »Mein Gott, was hast du alles am Hals, und wie ist bei euch immer alles so unregelmäßig. Mein Vater war Schulleiter, ich war ein Einzelkind, und bei uns herrschte ein völlig geregelter Tagesablauf. Abends um sechs kam Vater nach Hause, und das Essen stand auf dem Tisch.«

Bei Töpfers steht zwar auch mehr oder weniger pünktlich das Essen auf dem Tisch, aber auf den Vater wartet man nicht. Es wäre auch zwecklos: er kommt meist erst um Mitternacht nach Hause, und morgens um sechs oder noch früher macht er sich wieder auf den Weg nach Bonn oder sonstwohin. »Klar, mein Mann hat einen Fahrer, er kann im Auto Akten studieren oder auf der Nachhausefahrt pennen. Trotzdem, ich mache mir oft ernsthaft Sorgen um ihn. Er treibt Raubbau, überfordert sich, aber er läßt sich von niemandem was sagen, weder von mir, noch von seinem Arzt.«

Er ist halt ein »aushäusiger« Mensch, wie sie es nennt. Und das war zu Beginn der Ehe sehr schwer für sie zu ertragen. »Das war ein Lernprozeß. Wenn man jung verheiratet ist, denkt man: jetzt macht man alles zusammen. Was im Grunde genommen unsinnig ist, eine Ehe bedeutet nicht, daß man andauernd im Gleichschritt sein muß. Wenn ich ehrlich sein soll, mein Mann hat das eigentlich von mir am Anfang erwartet. Er hätte lieber gesehen, wenn ich zu Hause geblieben wäre. Ist auch angenehmer für einen Mann, zu wissen, daß die Frau zu Hause dafür sorgt, daß alles läuft. Inzwischen hat er aber eingesehen, daß bei uns auch alles läuft, wenn ich nicht den ganzen Tag zu Hause sitze, sondern eben auch meinem Beruf, meinen Hobbys nachgehe. Er brauchte in all den Jahren nie nach einem frisch gebügelten Hemd zu suchen, es war immer alles in Ordnung.«

Zu Hause ist Mechthild Töpfer, trotz ihrer Arbeit als Realschullehrerin, für alles zuständig. Von der Kindererziehung angefangen bis über die finanziellen Angelegenheiten. »Für den Garten habe ich seit kurzem einen Gärtner, das wurde mir doch etwas zu viel. Immer Rasenmähen und all die Dinge.« Sie lacht. »Stellen Sie sich vor, da waren neulich zwei Journalisten bei meinem Mann, saßen da, wo Sie jetzt sitzen, und der eine fragte: ›Wer macht denn den Garten bei Ihnen?‹ Sagt mein Mann doch prompt: ›Ach, keiner, wir lassen einfach alles so wachsen.‹ Ich sagte nachher zu ihm, ob er sich denn nicht vorstellen könne, wie das wirklich aussehen würde, wenn man alles einfach wachsen ließe.«

Minister sind eben auch nur Männer. Und Klaus Töpfer weiß, daß er sich voll und ganz auf seine Frau verlassen kann. »Wenn ich Interviews lese, die er gibt, steht da oft, ich sei eine Stütze für ihn.« Jetzt lacht sie wieder ihr herzliches Lachen. »Schön, so was aus der Zeitung zu erfahren, nicht?«

Zugegeben, sie wäre ganz zufrieden gewesen, wenn es nach der Heirat etwas langsamer vorangegangen wäre mit der Karriere ihres Mannes. »Ich sagte Ihnen ja bereits, es war eine schöne Zeit, mein Mann als Assistent bei dem Professor, ich in meiner ersten Stelle als Lehrerin in Ibbenbüren, unser Sohn kam zur Welt. Da mein Mann täglich hin und her pendelte zu seinem Professor, kaufte er unser erstes Auto. ›Mein Gott‹, sagte ich, ›ein Auto, können wir uns das denn überhaupt leisten?‹ Bis dahin waren wir immer mit der Bahn gefahren.«

Doch dann bekam Klaus Töpfer das Angebot, in die Staatskanzlei von Saarbrücken zu wechseln. Es war klar, daß seine Frau diese Veränderung akzeptierte. Sie freute sich auch, etwas Neues kennenzulernen, und ein Glücksfall war es, daß sie gleich eine Stelle an einer Schule bekam.

Bedeutet das Leben als Politikerfrau nicht eine Art von Selbstaufgabe, Sich-Opfern-Müssen oder Verzicht auf vieles, woran man hängt? Mechthild Töpfer schüttelt den Kopf. »Nein, das habe ich nie so empfunden. Oder besser gesagt, ich habe nie so gehandelt, daß es wie Selbstaufgabe aussieht, ich habe immer mein eigenes Leben weitergeführt.«

Natürlich, in einigen Punkten hat sie sich anpassen müssen. »Ich habe früher immer alles frei von der Leber weg gesagt, nun habe ich gelernt, vorsichtiger zu taktieren, denn ich will meinem Mann nicht schaden, ihm keine Schwierigkeiten machen. Ich bin also — wenn Sie wollen — politisch klüger geworden. Da wo es sein muß. Und manchmal sagt er dann, wenn wir von irgendwelchen öffentlichen Auftritten nach Hause kommen: ›Das hast du aber gut gemacht.‹«

Noch eine Tasse Tee, noch ein Stück Pflaumenkuchen: »Heute achten wir nicht auf unsere Linie.«

Sie kommt noch einmal auf die häufige Abwesenheit ihres Mannes zurück. »Wenn unser Vater endlich mal ein bißchen Zeit für uns hat, so genießen wir das alle. Da bindet er dann auch mal eine Küchenschürze um und kocht. Nachher räumt er sogar die Küche wieder auf. Ach, daß muß ich Ihnen noch erzählen: Ich war in Urlaub und kam an einem Samstag zurück. Am Flughafen wunderte ich mich schon, daß nur der Fahrer und die Kinder mich abholten. Mein Mann war nicht dabei. Katharina sagte mir gleich: ›Mutti, zu Hause ist was los. Papi hat ein paar Gäste eingeladen, und jetzt ist er schon den ganzen Tag in der Küche.‹ Mir schwante Übles. Doch mein Mann hatte tatsächlich ein ganz tolles warm-kaltes Buffet zubereitet, und die eingeladenen Frauen sagten zu ihren Männern: ›Da guckt mal, das kann der Töpfer auch.‹«

»Papi spielt auch immer mit uns, wenn er Zeit hat«, bekomme ich von Teresa zu hören, die uns einen Besuch auf der Terrasse abstattet. »Wir haben ganz viele Spiele. Und er gewinnt immer.« Die siebenjährige Teresa hat sich bis jetzt noch nicht damit abgefunden, daß das häusliche Leben sich meist ohne Vater abspielt. Die beiden Großen haben sich mehr oder weniger arrangiert: es ist nun mal, so wie es ist. Teresa hingegen meutert oft und beklagt sich: »Tag und Nacht warten wir auf ihn, und er kommt nicht.«

Daß es auch Vorteile gibt, wenn man mit einem Minister verheiratet ist, leugnet Mechthild Töpfer absolut nicht. Vor allen Dingen ist da die finanzielle Sicherheit und auch sonst noch einiges an mate-

riellen Anreizen, das schöne, große Haus zum Beispiel, zwei Autos. »Aber auf der anderen Seite muß man sehr, sehr viel einstecken, auf Sachen verzichten, die für andere Menschen ganz selbstverständlich sind. Wir haben kein Wochenende, das ganz der Familie gehört. Samstags fährt mein Mann in seinen Wahlkreis, da hat er Sprechstunde, da muß er die Dinge erledigen, die sich die Woche über aufgestapelt haben.«

Mach's Beste draus: Diese Devise hat sich Mechthild Töpfer schon längst zu eigen gemacht. Sie hat sich arrangiert. Und sie hat die Umstände in den Griff bekommen. »Ich plane für die Kinder und mich, wir unternehmen zusammen alles Mögliche, denn es wäre einfach idiotisch zu sagen: Wenn Vater da ist, machen wir das und das. Schön ist das natürlich nicht immer ... Schauen Sie, neulich hatte unser Sohn den Abschlußball. Da ist es üblich, daß die Eltern der Töchter und Söhne anwesend sind. Ich mußte allein hingehen, mein Mann hatte einen wichtigen Termin. So habe ich Bekannte gefragt, ob sie mich vielleicht mitnehmen könnten, damit ich nicht wie so ein Mauerblümchen herumsaß.«

Mitziehen, wenn seine berufliche Karriere es erfordert: Mechthild Töpfer kann ein Lied davon singen. 1977 — gerade war Katharina, das zweite Kind, zur Welt gekommen — folgte Klaus Töpfer einem Ruf nach Hannover. Erst pendelte er zwischen Saarbrücken und Hannover hin und her, dann wurden wieder die Möbel verfrachtet. »Das hätten Sie erleben müssen«, sagt Mechthild Töpfer, »ich war nämlich inzwischen mit Teresa schwanger, meine Mutter fiel fast in Ohnmacht, als ich mit dem

Auto und meinem Bauch bei ihr vorfuhr. Kind, Kind, und das in deinem Alter. Ich war gerade vierzig, hatte schon ein bißchen Bedenken, ob das Baby auch gesund sein würde, aber Sie sehen, es hat alles wunderbar geklappt.«

In aller Eile war ein Haus in der Nähe von Hannover gemietet worden. »Ich hatte gerade die Gardinen aufgehängt, — da war es so weit mit der Geburt. Und was meinen Sie, ich liege im Kreißsaal mit dem Neugeborenen, da kommt mein Mann mit einem Blumenstrauß und erklärt, er habe ein Angebot aus Mainz bekommen als Staatssekretär (später wurde er rheinlandpfälzischer Umwelt- und Gesundheitsminister). Ich schrie: ›O nein, nicht schon wieder. Wir sind ja hier noch nicht einmal richtig eingezogen!‹«

So begann Klaus Töpfer wieder zu pendeln. Dieses Mal von Hannover nach Mainz und am Wochenende wieder zurück. Mechthild Töpfer machte eine Zeit durch, an die sie heute nicht mehr gerne zurückdenkt. »Ich war beurlaubt vom Schuldienst, den ganzen Tag nur mit den Kindern. Teresa, das Baby, beschäftigte mich rund um die Uhr, und kaum hatte ich vormittags den Haushalt bewältigt, kamen auch schon die zwei größeren aus der Schule und aus dem Kindergarten. — Diese Zeit war schlimm. Denn ich hatte überhaupt keine Freiheit mehr. Ich lernte auch keine Leute kennen, war immer allein, richtig isoliert kam ich mir vor.«

Sie wollte auf diese Weise nicht mehr abgekapselt sein. »Nein, das war nichts für mich. Ich brauche Ansprache, andere Menschen, eine Aufgabe, nicht nur Haushalt und diesen ganzen Trott.«

Als Mechthild Töpfer 1980 mit ihren Kindern nach Mainz zog, hatte sie sich fest vorgenommen, sich hier auf gar keinen Fall so einzuigeln wie in Hannover. Katharina kam gerade in die erste Klasse. Und dadurch lernte sie — damals immer noch beurlaubt vom Schuldienst — eine Handvoll Mütter kennen, die genauso wie sie an Kinder und Küche gebunden waren. Es ergab sich von selbst, daß sie sich gegenseitig halfen und abwechselnd auf die Kinder aufpaßten.

»Ich hatte dann die Idee, diesen Kontakt auszubauen und schlug vor, daß wir uns alle vierzehn Tage reihum zum Frühstück treffen sollten. Das wurde ein richtiger Erfolg. Wir treffen uns heute noch. Jetzt auch oft nachmittags, da mittlerweile alle Kinder größer sind. Später haben wir dann auch die Ehemänner in unsere Runde eingeladen, und es zeigte sich, daß alle gut zusammen passen. So sind wir ein richtig schöner Freundschaftskreis geworden.«

Weder Mechthild Töpfer noch die Kinder möchten nach Bonn. »Damit mein Mann nur eine halbe Stunde bis zu seinem Bett hat, nein, das sehen wir nicht ein. Wir haben uns doch hier eingelebt, haben unsere Freunde und Bekannten. Aber mein Mann verlangt das auch gar nicht von uns.«

Wird man eigentlich als Gattin eines Bundesministers anders behandelt, gar als exotisches Wesen betrachtet? Mechthild Töpfer lacht. »Ja, daran muß man sich irgendwie gewöhnen. Wir wandern sehr gerne und haben befreundete Ehepaare, mit denen wir ab und zu Wandertouren machen. Kurz nachdem mein Mann in Bonn Umweltminister wurde, unternahmen wir eine solche Tour und mußten irgendwo mit einer Fähre einen Fluß überqueren. Unsere Freunde, die uns jahrelang kennen, waren ganz konsterniert, als mein Mann erkannt und um uns herum getuschelt wurde.«

Positiv wertet Mechthild Töpfer, daß sie durch die ständige Abwesenheit ihres Mannes sehr viel Freiheit bekommen hat: »Ich kann mir meinen Tag einteilen, kann dies und das unternehmen. Auch mal verreisen, wenn ich Lust dazu habe.«

Vor allem der Sonne entgegen. »Der Herbst und der Winter, die machen mich ganz krank, deshalb verbringe ich oft in dieser Zeit ein paar Wochen auf Gran Canaria. Und manchmal, wenn mein Mann es einrichten kann, kommt er mit, nur ist das leider viel zu selten. So reise ich mit Klein-Teresa meist allein.«

Ein anderes beliebtes Reiseziel und Urlaubsland für Mechthild Töpfer ist die Türkei. Dabei gerät sie ins Schwärmen. Sie erzählt, wie es dazu gekommen ist, zu jener Zeit, als sie, trotz der Bekanntschaften und Freundschaften der »Frühstücksrunde«, irgendwie das Gefühl hatte, geistig auszuhungern. Sie wollte auch wieder arbeiten. Und sie sagte sich: »Wenn ich eine neue Stellung suche als Lehrerin, dann muß ich irgendwie etwas können, was andere nicht beherrschen«. Sie belegte an der Volkshochschule einen Türkisch-Kurs. »Wir haben hier in Mainz so viele Türken, warum sollte ich nicht diese Sprache lernen, das würde mir doch den Vorteil bringen, daß ich mit türkischen Kindern sprechen kann.«

Es war »irre schwer« mit dem Erlernen dieser Sprache. Aber sie klemmte sich dahinter und überredete ihren Mann, mit ihr und den Kindern in die Türkei zu fahren. »Was meinen Sie, der war so begeistert, genau wie wir. Und er versprach, wieder mitzukommen. Vor allem auch deshalb, weil er dort von niemandem erkannt wurde.

Auf dem Markt in Izmir wollte er meine türkischen Sprachkenntnisse prüfen. »Hol' doch mal ein paar Pfirsiche dort an dem Stand«, sagte er. Ich also hin, großspurig verlangte ich fünf Pfirsiche. Doch hatte ich fünf mit dreißig verwechselt, und mein Mann lachte sich halb tot, als der Verkäufer mir dreißig Pfirsiche in eine große Tüte packen wollte. Na ja, ich lerne einfach weiter. Gerade habe ich wieder einen neuen Kurs an der Volkshochschule belegt.«

Inzwischen hat sie auch eine Halbtagsstelle als Lehrerin für Geschichte und Englisch angenommen. »Da kann man manchmal hören: Jetzt ist der ihr Mann Minister, warum muß die als Lehrerin arbeiten, wo es so viele arbeitslose Lehrer gibt. Einer hat sogar meinem Mann geschrieben, er finde ja ganz gut, was er in der Umweltpolitik mache, aber daß seine Frau als Lehrerin arbeite, das halte er für blöde. — Wirklich, soll ich denn auf alles verzichten, was mir Spaß macht? Im übrigen, wenn ich aufhörte, würde meine Stelle ersatzlos gestrichen. Ich nehme also niemandem einen Platz weg. Oder?«

Mechthild Töpfer wehrt sich energisch dagegen, daß sie, nur weil ihr Mann Minister ist, nicht das Recht haben sollte, ihren Beruf, der ihr sehr viel bedeutet, auszuüben. Und sie wehrt sich ebenfalls dagegen, als »Anhängsel« ihres Mannes behandelt zu werden. »Ich finde es immer so witzig, wenn ich meinen Mann zu Parteiveranstaltungen begleite — was ich übrigens nicht gerne tue, ich bin eher ein häuslicher Mensch — und irgendwelche Leute dann kommen und meinen, sie müßten mich unterhalten. Da wird richtig einer abgestellt, so nach dem Motto: Geh und unterhalt mal die Frau des Ministers, damit sie sich nicht langweilt.« Langeweile: ein Zustand, der Mechthild Töpfer fremd ist.

»Bei Empfängen in Bonn, da kennt mein Mann natürlich tausend Leute und unterhält sich mit allen über Dinge, die mich gar nicht interessieren. Da zieh ich einfach los und suche irgendwelche Bekannte. Meistens treffe ich jemanden, den ich schon lange nicht mehr gesehen habe, aus Saarbrücken oder Hannover. Und dann kommt mein Mann mich suchen: Wo bist du denn nur?«

Politisch möchte sich Mechthild Töpfer eigentlich nicht engagieren. »Gut, ich bin politisch interessiert, ich bin auch CDU-Mitglied, obwohl mir das nicht immer hundertprozentig paßt, aber ich sehe keine andere Alternative, vor allem keine bessere. Es genügt, wenn ein Familienmitglied aktiv in der Partei mitarbeitet; wenn beide es tun, würde das nur der Familie schaden. Zudem glaube ich, daß man andersrum mehr bewegen kann, als wenn man da nur parteipolitische Dinge betreibt.«

Angst vor dem Alter hat Mechthild Töpfer nicht. »Gut, ich wäre schon gerne etwas länger jung, deshalb halte ich mich auch fit und lebe vernünftig. Angst habe ich nur davor, krank zu werden, mein Gott, denke ich, das wäre furchtbar.« Und Wünsche? »Eigentlich möchte ich später einmal, wenn ich pensioniert bin, auf die Kanarischen Inseln, aber das sind so Träume ... Raten Sie mal, was mein Mann möchte: eine Kneipe, so eine ›kleine Kneipe in unserer Straße.‹ Da möchte er am Zapfhahn stehen.«

Mechthild Töpfer hat gelernt, mit vielem auf ihre eigene, humorvolle und selbständige Art umzugehen — auch mit kleinen Schwächen ihres Mannes:

»Mein Mann, im Beruf mehr als pünktlich und zuverlässig, ist privat genau das Gegenteil. Er sagt, er kommt um sechs, um acht ist er noch nicht da. Am Anfang hat mich das nervös gemacht. Aber auch das habe ich gelernt ... Wenn ich da an unseren zwanzigsten Hochzeitstag denke. Da versprach er hoch und heilig, pünktlich zu sein. Wir würden dann schön essen gehen, gemütlich in einem angenehmen Lokal. Wer nicht kommt, ist natürlich er. Also, denke ich, dann gehe ich eben allein. Ich fahre in die Stadt, komme an einem Kino vorbei, wo »Männer« gezeigt wird. Ich habe mich köstlich amüsiert. Als ich nach Hause komme, sitzt er da, verlegen und geknickt. Und dann war er ganz überrascht, als ich weiter nichts sagte als: ›War ein fantastischer Film, schade, daß du nicht dabei warst!‹«

Ihre Ehe betrachtet Mechthild Töpfer als ein Haus, das auf festem Boden steht. Ein Grundstock an Gemeinsamkeiten hält das Ganze zusammen, trotz der häufigen Trennungen hat man sich nicht auseinander gelebt. Der eine akzeptiert den anderen so, wie er ist, und läßt ihn seinen eigenen Interessen nachgehen. Sie weiß, wie sehr ihr Mann in seiner Arbeit aufgeht, und er weiß, was sie und die Kinder auf sich nehmen.

Vor kurzem hat Mechthild Töpfer die Schirmherrschaft der Berliner Herzliga übernommen. »Das finde ich gut, denn ich mache mir auch Sorgen um meinen Mann. Er wird jetzt fünfzig, und er ist nicht so intakt mit seinem Herzen. Was ist, wenn er uns eines Tages umfällt. Davor habe ich große Angst.«

»Was, ein Taxi wollen Sie bestellen«, sagt sie beim Abschied. »Kostet doch alles Spesen. Ich habe mein Auto draußen vor dem Haus. Ich fahre Sie zum Bahnhof. Und im übrigen, kommen Sie doch wieder einmal auf Besuch. Einfach so. Würde mich freuen.«

Ich hatte den Eindruck, daß sie das wirklich so meint.

Elke Warnke

von Elke Hockerts-Werner

Elke Warnke, *44, war Lehrerin für behinderte Kinder und in erster Ehe mit einem Arzt verheiratet.*
Vor sieben Jahren heiratete sie Dr. Jürgen Warnke, damals Bundestagsabgeordneter, seit 1987 Bundesverkehrsminister.
Auch für ihn war es die zweite Ehe.
Das Ehepaar hat siebenjährige Zwillinge, in der Familie leben außerdem die beiden Kinder aus Elke Warnkes erster Ehe.

In der Suite eines Luxushotels in der indonesischen Hauptstadt Djakarta kamen wir zum ersten Mal ins Gespräch. Elke Warnke und ihr Mann, damals noch Minister für wirtschaftliche Zusammenarbeit, begleiteten den Bundespräsidenten Karl Carstens auf seiner letzten Reise vor Beendigung seiner Amtszeit. Ich hatte den Auftrag, ein Portrait des damaligen Bundespräsidenten zu machen.

Mir gefiel Elke Warnkes Natürlichkeit, ihre herzliche offene Art. Ihr Mann hatte die mitreisenden Journalisten zum Umtrunk eingeladen. Während die Kollegen vertraulichen Informationen auf der Spur waren, interessierte mich, wie Elke Warnke ihre Rolle sah, wie gern oder ungern, überzeugt oder unwillig sie sie ausfüllt.

Damals schon dachte ich, diese Frau möchte ich gern portraitieren. Die Gelegenheit ergab sich mit unserer Sendereihe »Die Frau an seiner Seite«. Elke Warnke sagte zu, am Telefon, ganz unkompliziert, ohne Bedingungen und Bedenkzeit.

Unsere nächste Begegnung und viele weitere fanden unter ganz anderen Umständen statt als damals in den Tropen. Bei tiefem Frost und viel Schnee in Selb, der Kleinstadt in Oberfranken, nahe der Grenze zur DDR und zur Tschechoslowakei. Bayerisch-Sibirien heißt diese Gegend nördlich von Bayreuth im Volksmund — zu Recht, finde ich: Bei all den Besuchen zwischen dem 3. Adventssonntag und Frühlingsanfang fror es Stein und Bein.

Die Warnkes wohnen in einem älteren Einfamilienhaus, unauffällig, gemütlich und geschmackvoll eingerichtet. Hätte nicht ein Polizeiwagen oben an der Abzweigung zur Stichstraße gestanden — nichts hätte darauf hingedeutet, daß hier ein Bundesminister zu Hause ist. Jeder Besucher wird angehalten. Wir sind angemeldet, dürfen uns dem Haus nähern.

In der Familie leben die beiden halbwüchsigen Kinder aus Elke Warnkes erster Ehe und die siebenjährigen Zwillinge. Sie alle haben sich an die Bewachung ganz gut gewöhnt. Wohin der Minister auch fährt, ob allein oder mit Familie, immer ist ein Wagen mit Sicherheitsbeamten dabei. Schwer vorstellbar, daß man damit leben kann. Deshalb auch meine Frage: »Die Sicherheitsbeamten im eigenen Auto. Bei jeder Fahrt, selbst, wenn es nur zum Essen in den nächsten Gasthof geht. Macht das nicht nervös, ängstlich?«

Elke Warnke wird nachdenklich: »Das Thema Terrorismus, Menschen, die da etwas ankündigen ... daß sie Leute umbringen und wer wann dran ist ... Das scheint doch sehr tief drinzusitzen. Und ich fange an, davon zu träumen. Für mich ist das so ein schizoider Zustand, im täglichen Leben vergißt man es fast. Und wenn man mit den Leuten zusammen ist, den Sicherheitsbeamten, ist das nicht präsent. Aber es kommen Momente, wo ich erschrecke oder wo ich auch ganz klar denke, Mensch, hoffentlich kommt der wieder nach Hause. Es ist eine Beunruhigung da, eine ganz tiefe Beunruhigung. Es ist ganz anders geworden als früher.«

Diese Situation hat sich entschärft. Seit Jürgen Warnke nach der Bundestagswahl 1987 zum Bundesverkehrsminister berufen wurde, ist die Bewachung sehr geschrumpft. Die Drohungen aus den Kreisen der Terroristen galten offenbar mehr dem Entwicklungshilfeminister als der Person Jürgen Warnke.

Elke Warnke denkt gern an die Zeit zurück, als ihr Mann für die Dritte Welt zuständig war. Sie hat ihn häufig begleitet, hat viel gesehen, viel Erfahrung gesammelt. »Ich fand die Zeit der Entwicklungshilfearbeit meines Mannes ganz toll. Eine faszinierende Zeit, eine bereichernde Zeit. Ein bißchen Wehmut ist schon bei mir da, daß diese phantastischen Reisen nun im Moment mal für uns vorbei sind. Jetzt ist die Zeit gekommen, sich zu besinnen, nachzudenken, was da eigentlich zu verarbeiten war. Ich merke es zunehmend, wenn ich jetzt so Bilder in die Hand nehme oder Fotoalben, daß ich manchmal gar nicht mehr weiß, wo das war.«

Unter der Post ist an diesem Tag ein Brief von einem Verlag.

»Hier werde ich gerade aufgefordert, nun doch endlich mal mein Buch zu schreiben. Hier schreiben sie: ›Ihre Frau wollte ja auch mal zur Feder bzw. in die Tasten greifen.‹«

Und worum geht es dabei?

»Bei der Vorstellung des Buches meines Mannes über seine Entwicklungshilfepolitik — was er rührenderweise mir gewidmet hat —, hatten wir besprochen, daß ich über meine Rolle an seiner Seite, über all das, was ich so auf den Reisen erlebt habe, kurze Erlebnisberichte gebe. Und das werde ich sicher machen. Wenn ein bißchen Zeit da ist, werde ich all die Geschichten, die ich so am Rande erlebt habe, aufschreiben. Und daraus werden wir dann ein Buch machen.

»Und das macht Ihnen nichts aus, dann eben bewußt in diesem Fall in diesem Buch ›Die Frau an seiner Seite‹ zu sein?«

»Nein, da werde ich mal zeigen, was das heißt, die Frau eines Ministers zu sein und all das mitzumachen. Das ist keine Diffamierung, ›die Frau an seiner Seite‹ zu sein, auf der anderen Seite ist er auch ›der Mann an meiner Seite‹.«

Elke Warnke betont immer wieder die Bereicherung, die diese Auslandsreisen für sie bedeutet haben. Das Glücksgefühl, wenn Menschen dankbar waren für ihr Interesse, manchmal auch ihre Hilfe.

Ganz spontan hat sie auf einer dieser Reisen beschlossen, sich zu engagieren, hat einen Verein gegründet, der sich für verwahrloste Kinder in den Slums von Bogota in Kolumbien einsetzt. Sie läßt keine Gelegenheit aus, für diese Arbeit zu werben, Geld zu sammeln, um Kleiderspenden zu bitten.* In einer katholischen Kirche bringt sie — die evangelische Christin — den Gemeindemitgliedern das Elend in den Slums dieser Millionenstadt nahe. Sie hat Dias mitgebracht, die sie erklärt und kommentiert: »Das ist das Bario Meißen in der Nähe von Bogota. Über eine Million Menschen leben hier inzwischen — ohne sanitäre Anlagen, ohne Elektrizität, oder nur zu einem ganz geringen Teil, ohne Verkehrsmittel, mit denen sie in die Stadt kommen können, ohne die Möglichkeit, einer Tätigkeit nachzugehen.«

Sie spricht eine halbe Stunde frei — so eindringlich, daß man die zerlumpten Kinder förmlich vor sich sieht. Ihr Mann sitzt in der Kirchenbank, zeigt keine Regung. Später frage ich sie: »Profitieren Sie in diesem Fall davon, daß Ihr Mann Minister ist?

* Verschiedentlich geäußerte Kritik, das Geld erreiche nicht zügig genug die Adressaten, hat sie als unbegründet zurückgewiesen.

»Ich glaube schon, daß das eine ganz große Rolle gespielt hat. Denn es ist sicher publikumswirksam gewesen, gerade als er Entwicklungshilfeminister war, daß nun die Frau sich auch privat engagiert. Ich komme natürlicherweise an Menschen heran, mit ihnen in Kontakt, in Bonn, in ganz Deutschland, an die ich sonst als Lehrerin gar nicht ran käme, weil einfach die gesellschaftlichen Ereignisse nicht da sind. Und ich scheue mich dann auch nicht zu erzählen. Und ich werde viel eingeladen zu Vorträgen. Also sicher spielt das eine große Rolle. Auch jetzt noch, wo mein Mann Verkehrsminister ist. Die Leute sind sogar erfreut, daß die Frau des ehemaligen Entwicklungshilfeministers ihre Arbeit weitermacht. Viele haben mich nach dem Wechsel in der Regierung im Kabinett gefragt: ›Ja machen Sie das denn auch noch weiter?‹ und waren höchst erfreut, als ich sagte: ›Natürlich!‹ Das habe ich nicht gemacht, weil er Entwicklungshilfeminister ist, sondern als er Entwicklungshilfeminister war, hatte ich die Chance, so etwas aufzugreifen. Und wir werden intensiver denn je weiterarbeiten.«

Sie hat eine starke Ausstrahlung — man hört ihr zu, wird von ihrem Engagement gefangengenommen. Das nützt ihrem Mann. Für ihn kämpft sie in Selb, in Hof, überall in seinem Wahlkreis Hof/Wunsiedel. Sie ist auch selbst CSU-Mitglied im Ortsverband Selb und stellvertretende Kreisvorsitzende der Frauenunion.

Kann sie sich eine eigene politische Karriere vorstellen, habe ich sie gefragt. Natürlich könne sie das, aber jetzt hat ihr Mann das Amt. Zwei in einer Familie können nicht in der Partei aufsteigen, meint sie. Es fällt ihr nicht leicht, Hausfrau zu sein in Selb. Später, wenn die Zwillinge älter sind, möchte sie noch mal ganz neu anfangen, als Journalistin vielleicht.

Der Minister wiegelt ab, als ich ihn zur Familiensituation befrage.

»Herr Warnke, haben Sie eigentlich nie ein schlechtes Gewissen, daß Ihre Frau Ihnen und Ihrer politischen Karriere zuliebe doch auf vieles, was sie selbst gern täte, verzichten muß?«

»Also das kommt jetzt aus dem Klischeeheft, aber wirklich wie gemalt. Meine Frau hat mich so geheiratet, wie ich sie geheiratet habe, so wie ich damals war, nämlich Bundestagsabgeordneter. Und das hat mich sehr gefreut, daß sie das nicht gestört hat. Und ich habe den Eindruck, das stört sie auch heute noch nicht. Meine Frau stellt sich auf die politische Tätigkeit ein in einer Weise, daß ich viel Freude daran habe. Ich bilde mir ein, daß ich mich hier und da auch mal auf meine Frau einstelle.«

Vor ihrer zweiten Ehe war Elke Warnke Lehrerin für behinderte Kinder in München. Während der Dreharbeiten fuhren wir gemeinsam nach München, besuchten auch ihre alte Schule. Frau Warnke war fröhlich, aufgekratzt. Immer wieder ziehe es sie dorthin, sagt sie. Und sie gesteht auch einen Anflug von Wehmut.

»Also ich muß sagen, mich juckt es geradezu in den Fingern, mich wieder in mein Zimmer zu setzen und mit den Kindern anzufangen zu arbeiten. Das ist schon eine ganz tolle Schule hier. Da kommt jetzt gerade wieder die alte Oberärztin und der Chefarzt; wenn ich die alle wiedersehe, das ist eine solche Riesenfreude, es ist eine solche Verbindung zwischen uns gewesen, daß ich mir vorkomme, als hätte ich hier gerade vor vierzehn Tagen aufgehört. Hier in diesem Klassenzimmer, als das vor vielen Jahren mein Arbeitsraum war, hier in der Heckscher Klinik, habe ich meinen Mann kennengelernt. Und das ist jetzt schon Urzeiten her. Damals war Christian, sein, unser Sohn, mein Stiefsohn, ein Schüler von mir, und mein heutiger Mann kam, um ein Gespräch mit mir zu haben, und er hat immer — es ist klar, Politiker haben wenig Zeit — die Angewohnheit, plötzlich in den Unterricht hineinzuplatzen.«

Auch Jürgen Warnke hatte schon eine Ehe hinter sich. Seine blitzenden Augen hatten es ihr angetan, sagt sie. Und sein scharfer Verstand.

Später, im Café auf der Leopoldstraße, erzählt sie mehr über die Jahre in München.

»Die Arbeit mit den Kindern in den Sonderschulen, besonders in der Heckscher-Klinik, haben sicher meine Persönlichkeit sehr herausgefordert und reifen lassen, so daß ich nicht so schnell vor schwierigen Situationen kapituliere. Gerade unsere psychisch kranken Kinder erforderten ein Höchstmaß an Einfühlsamkeit. Es ist nicht so sehr die Geduld, sondern es ist die Fähigkeit, sich in einen anderen Menschen hineinzuversetzen, um überhaupt einen Weg zur Besserung des Zustandes zu sehen. Diese Fähigkeit, die ich sehr, sehr intensiv und gar nicht leicht gelernt habe, erleichtert es mir, in schwierigen Situationen, die sicher an der Seite eines Politikers zu bewältigen sind, nicht umzukippen.«

»Was für ein Gefühl ist es denn für Sie, in München zu sein?«

»Ja, wie nach Hause zu kommen. Das ist ganz klar. Ich habe ja so viele Jahre, über ein Jahrzehnt, hier gelebt. Richtig wohl fühle ich mich, rundum. Wenn ich in die Leopoldstraße oben reinfahre, dann habe ich das Gefühl: So, jetzt bist du wieder zu Hause.«

Wie hat sie den Wechsel von München nach Selb verkraftet? Ist das nicht wahnsinnig schwer gewesen für eine Frau, die hier berufstätig war, die hier gelebt hat, dann so aufs Land, in die Kleinstadt — so weit weg von allem? —

»Ja, das war eine ganz große Umstellung für mich. Dessen waren wir uns auch bewußt — mein Mann und ich, daß es für mich also ganz schwierig sein wird, von der Stadt auf's Land mit den fremden Leuten, ohne Beruf. Das habe ich aus Liebe gemacht. Irgendwo muß die Familie ein Zuhause, einen Mittelpunkt haben. Ich war manchmal wohl ein bißchen neidisch, daß der eine, also mein Mann, reisen konnte, den Ort wechseln konnte, seinen Beruf ausüben konnte. Aber das hat sich jetzt, mit dem Älterwerden der Kinder, mit dem Größerwerden so eingespielt, daß ich auch schon vieles machen kann. Ich muß eines sagen, die Menschen dort oben bei uns in Oberfranken haben mich ganz, ganz liebevoll aufgenommen. Sie haben mir enorm viel entgegengebracht, Brücken gebaut, mich hineingenommen in ihre Gemeinschaft. Und trotzdem dauert für jeden Menschen jeder Wechsel einige Jahre. Es hat tatsächlich vier, fünf Jahre gedauert, bis ich mich dort wirklich zu Hause fühlte.«

Wir erlebten zusammen mit Elke Warnke eine Mammutwahlveranstaltung der CSU in Hof, kurz vor der Bundestagswahl 1987. Trotz der zwanzig Grad Kälte waren fünftausend Menschen gekommen. Für Dr. Jürgen Warnke, der hier im Wahlkreis für den Bundestag kandidiert, ein wichtiger Tag. Zum zweiten Mal tritt er hier als Kandidat an. Vor vier Jahren hat er den Wahlkreis auf Anhieb gewonnen, zum ersten Mal wurde der SPD-Kandidat geschlagen, und das in einer traditionellen Arbeiterdomäne. Die Atmosphäre ähnelt eher einem Volksfest als einer Wahlveranstaltung: Mit Schunkelwalzer und Bayernhymne singen die Wartenden, ausschließlich CSU-Mitglieder, wie wir erfahren, dem Höhepunkt entgegen, dem Einzug von Franz Josef Strauß. Und der hält — wie immer — eine flammende Rede. Rücksichtslose Diffamierung der anderen Parteien. Ein stolzer Bundesminister an seiner Seite. Eine Ministerfrau in der ersten Zuschauerreihe, der dieser Volksfestcharakter nicht so ganz zu passen scheint.

»Gibt es Punkte im Parteiprogramm und in der praktischen Politik der CDU/CSU, bei der Sie abweichen, anders handeln möchten?«

»Das gibt's. Das sage ich auch ganz offen — und ich glaube, das ist etwas ganz Wichtiges auch in einer Partei, daß man nicht im Gleichschritt marschieren muß.«

Und über Franz Josef Strauß sagt sie:

»Ich halte den Ministerpräsidenten Strauß für einen der besten Politiker, die wir hier in Bayern, in der Bundesrepublik, wahrscheinlich auch in Europa haben. Natürlich bin ich nicht immer einer Meinung mit ihm. Zum Beispiel seine Frauenpolitik, die doch letztendlich sehr konservativ ausgerichtet ist, könnte man schon ein bißchen im Sinne von uns jüngeren

Frauen oder den ganz jungen umgestalten, erneuern. Mir liegt es nicht so sehr, aber das liegt möglicherweise auch daran, daß ich kein Bayer bin, daß man so derb immer auf die Pauke haut. Letzten Endes hat er ja meist recht. Aber ich bin natürlich, möglicherweise auch als Frau, etwas zurückhaltender. Dieser harte Kampf gegen die F.D.P., den er besonders zu Wahlkampfzeiten stattfinden läßt, den befürworte ich nicht. Ich bin der Meinung, daß man da sehr viel stärker die Partnerschaft auch in einem Wahlkampf suchen muß. Er ist zwar der versierte Politiker, ich nehme mir aber die Freiheit als Bürger und auch als kleinere engagierte, politisch arbeitende Frau, meine Stellungnahme dazu zu geben: Ich glaube, daß das eher schadet. Das ist meine persönliche Einschätzung. Und den Ton dort mag ich zum Teil auch nicht, den mag ich aber auch von anderen Parteien nicht, wie sie sich da gegenseitig beharken. Und gerade im letzten Wahlkampf der Kampf gegen die F.D.P., den hätte ich anders gestaltet. Da bin ich also absolut nicht seiner Meinung.«

Wir haben Elke Warnke auf zahlreichen Veranstaltungen beobachtet, beim Altenkaffee, bei der Landjugend, beim Schafskopfen, bei Bürgermeistern — oft ist sie nur ein Anhängsel ihres Mannes, wird nur am Rande oder gar nicht begrüßt. Stört sie das nicht?

»Bei diesen Veranstaltungen werde ich sicher immer ich selber bleiben. Ich kann aber unterscheiden, daß bei manchen Veranstaltungen meine Person nicht gefragt ist. Aber meine Persönlichkeit ist dadurch nicht betroffen, wenn ich jetzt vielleicht nicht im Mittelpunkt stehe. Für meine Person hat das keine abwertende Bedeutung. Da kann ich sehr wohl abschalten und sagen: jetzt bist du halt mal nicht wichtig. Im persönlichen Bereich wird es dann nachher meist wieder lockerer. Also für die Person tut es mir keinen Abbruch. Ich nehme mich zurück, sehe das aber nicht als Beeinträchtigung.«

Gibt es denn schon einmal Konflikte dadurch, daß sie etwas machen möchte, was sie aus Parteiräson oder weil sie eben die Frau des Ministers Warnke ist, nicht machen kann?

»Ja, da gibt es zwei Punkte, die mir etwas schwerfallen. Zum Beispiel, ich kann hier abends nicht mit irgend einem guten Freund zum Essen ausgehen. Das ist hier in Selb nicht möglich. Das ist in München selbstverständlich, daß ich da mal mit einem Freund — und wenn es auch zu zweit ist, zum Essen gehen kann, ausgehen kann, das ist hier nicht möglich. Da gibt es hier sofort lustige Tratschereien, wenn ich nur auf einer Beerdigung mit jemandem auftauche. Der zweite Punkt ist, daß ich nicht an allem teilnehmen kann, so zum Beispiel an der letzten Ausstellung ›Männer‹. Da haben wir einen kleinen Skandal hier gehabt, wo gerade unsere CSU sehr stark Sturm gelaufen ist dagegen. Ich wäre hingegangen und hätte sie mir angeschaut. Aber wir haben das besprochen, daß man in der Wahlkampfzeit nicht unbedingt nun die Leute provozieren muß. Ich kann sie mir in München irgendwann mal anschauen, oder wenn sie woanders läuft.«

»Was war denn das Skandalöse? Waren es nackte Männer?«

»Das waren furchtbar nackte Männer. Mein Sohn war da, der sieht das mehr vom künstlerischen

Aspekt. Das hat hier Aufruhr gegeben. Da gibt es schon mal Dinge, wo man vorsichtig sein muß. Es muß nicht sein, daß man jetzt die Leute in Aufruhr bringt. Es gibt aber auch andere Dinge, und das liegt mir sehr am Herzen, gerade die Frauenarbeit. Ich habe die Möglichkeit, mit etwas Fingerspitzengefühl so ein bißchen Vorreiter zu werden, Einstellungen, auch einmal Ideen zu ändern. Wir haben zum Beispiel ein Frauenhaus hier. Das ist natürlich für Konservative immer noch so ein bißchen eine merkwürdige Geschichte. Es wird hier von SPD-Frauen geleitet, das Frauenhaus, und zwar sehr gut. Und ich habe jetzt die Möglichkeit, an die Öffentlichkeit zu gehen, die Presse unterstützt mich auch dabei, und da ein bißchen Imagepflege für dieses Frauenhaus zu machen, die Arbeit dieser Frauen zu unterstützen, die immer noch in der Öffentlichkeit ein bißchen negativen Charakter hat. Das muß ich sagen. Da sehe ich es als echten Vorteil, daß ich die Frau eines Ministers bin, von daher Aussagekraft habe und sicher nicht nur liebevolle Reaktionen meiner eigenen Parteifreunde bekomme, aber doch mit Ruhe und Geduld — sie müssen es ja auch erst einmal erleben und kennenlernen — daß sie diese Berührungsängste verlieren. Das nehme ich gerne auf mich, um so eine Sache zu unterstützen.«

Ihr besonderer Einsatz gilt den Frauen im Landkreis. Mehr Chancen im Beruf sollen sie haben, eine bessere Ausbildung, mehr Mut, sich politisch zu engagieren. Dafür kämpft sie.

»Der Spruch, Frauen gehören nicht in die Politik, der gilt auch hier noch. Da gehen auch einige Männer nicht von ab, ob das jetzt die Männer aus

unserer Partei oder aus der SPD oder aus der F.D.P. sind. Ich glaube, das liegt auch an der Frau, mit Geschick und auch mit Können den Männern zu zeigen, daß wir keine Konkurrenz sind, sondern eine Spitzenergänzung, und daß man sich auch einmal austauschen kann. Ich kann mir zum Beispiel sehr wohl vorstellen, daß ein Mann seine politische Aufgabe an eine Frau abgeben kann. Das wird für den Mann, der es ja auch sehr viel mehr als Existenzsicherung sieht, schwierig sein. Aber da kommen wir Frauen nicht drum herum. Wenn wir uns immer wieder auf den Standpunkt zurückziehen, der Mann ist nun schon so lange drin und deswegen muß er das behalten, werden wir niemals in politische Ämter hineinkommen. Das ist für den Mann sicher zu Anfang schwierig. Ich gehe auch nicht davon aus, daß ich sage, es muß eine Frau sein, weil sie eine Frau ist, sondern, wenn wir eine gute Frau haben und sie vielleicht ähnliche oder auf anderen Gebieten bessere Qualitäten als der Mann bieten kann, dann gehört sie da rein. Und nicht an dem Schema Mann kleben. Das ist für unsere Männer zum Teil sicher noch schwer zu verkraften. Und ich habe auch Verständnis dafür. Aber das kann natürlich nicht auf die Dauer so bleiben. Aber ich bin sicherlich nicht für eine Quotenregelung.«

Am kältesten Tag dieses Winters, so scheint uns, beobachten wir Elke Warnke am CSU-Stand in der Fußgängerzone. Mir fällt auf, daß sie besonders gut mit jungen Leuten klarkommt, sie interessieren kann, die richtigen Worte findet, den richtigen Ton. Das komme durch ihre langjährige Erfahrung als Lehrerin, meint sie. Daß sie den Beruf in Selb nicht ausüben kann, tut schon weh. Doch da waren die Zwillinge, die Parteiarbeit, das eigene Engagement genauso wie das für ihren Mann. Es ging eben nicht, sagt sie.

»Den Beruf aufgegeben habe ich sicher nicht, weil mein Mann Politiker oder hierher gegangen ist, sondern das war eine freie Entscheidung zwischen uns beiden, wir haben uns darüber unterhalten — was ich gut verkrafte. Da waren die kleinen Kinder und die neue Umgebung und die Großen, die ja auch Betreuung brauchten. Also das war eine Sache, die ich sicher nicht unter dem Druck des Mandats aufgegeben habe. Das war eine ganz freiwillige Entscheidung. Und das kann ich natürlich nicht, daß ich Beruf, Mann, Kinder, Haushalt habe, Politik. Dann gibt es Tage, wo es einem schon mal ein bissl härter ankommt. Daß er so wenig zu Hause ist. Das ist schon manchmal ein Verzicht. Das Politische, davon habe ich ja sehr viel Gewinn; gerade dadurch, daß er Politiker ist, habe ich natürlich eine ganz andere Einstiegsmöglichkeit und lerne enorm viel dadurch. Und mir bringt es auch Spaß. Aber wehe der Frau, der das keinen Spaß bringt. Insofern ist es dann schon schlimm. Wenn eine Frau also keinen Spaß an dem Beruf des Mannes hat, aber das gilt in anderen Berufen auch, das ist beim Politiker dann sicher ganz hart.«

Im späten Frühjahr, das hier noch später beginnt als im übrigen Bundesgebiet, treffen wir Elke Warnke bei der Gartenarbeit an. Ihr Mann hat im Januar seinen Wahlkreis wieder gewonnen. Nun ist er Bundesminister für Verkehr.

Für sie ändert sich nicht viel. Sie macht noch immer die Gartenarbeit allein, kümmert sich ums Haus, um die Kinder und wartet, so scheint mir, auf die Zeit, in der die Kinder groß sind, auf *ihre* Zeit, denn heute, so meint sie, bleiben die Frauen doch viel länger jung.

Bildquellennachweis

Marita Blüm: Gipa Press, Bonn; Edgar Schöpal, Düsseldorf

Heilwig von Ditfurth: Carola Benninghoven, Neu-Anspach; Foto Felicitas Timpe, München

Dr. Gustava Everding: Stefan Reiss, München

Heidrun Farthmann: dpa, Düsseldorf

Jeanne Hingsen: Hans Rauchensteiner, München; Sven Simon, Essen

Hannelore Kohl: Kurt Heinrich, Ludwigshafen; dpa, Frankfurt/M.

Hildegard Lattek: teutopress; Hans-Jürgen Frommholz, Lünen-Süd

Margarete Mitscherlich: Kövesdi Presse Agentur, München

Hiltrud Schröder: Poly-Press, Bonn; teutopress

Mechthild Töpfer: Michael Ebner, Bonn

Elke Warnke: Poly-Press, Bonn; Michael Wingens

Sachbuch

Als Band mit der Bestellnummer 60205 erschien:

Das Dokument einer Generation der suchenden Väter – ein Buch zum Nachdenken.

BASTEI LÜBBE